50대가 꼭 알아야 할 모든 것
: 잘되는 50대, 잘 안 되는 50대

잘되는 50대, 잘 안 되는 50대
50대가
꼭 알아야 할
모든 것
김직 지음

북씽크

50대, 여러분의 꿈을 응원합니다
대한민국 50대를 위한,
브라보 유어 라이프(BRAVO YOUR LIFE)

후회 없는 인생의 후반기를 살기 원하는,
50대들이 알아두면 좋을 모든 것들을
실체적으로 제시하는 라이프 매직 스토리!
50대, 여러분의 꿈을 응원합니다.

프롤로그 찬란하게 빛나는 후회 없는 삶을 위하여 • 10

CHAPTER 1 인생에 연습은 없다, 인생을 즐겨라

01 나를 지탱하는 힘, 끝까지 자존감自尊感을 지켜라 • 16
02 인생에 연습은 없다, 인생을 즐겨라 • 26
03 못다 이룬 꿈을 위해 남은 열정을 불태워라 • 37
04 걱정은 만병의 근원, 걱정을 물리치는 법 • 45
05 삶의 기쁨을 주는 좋은 격려자를 곁에 두기 • 53
06 나를 위해 사는 것이 모두를 위하는 일이다 • 62

CHAPTER 2

낡은 마인드를
새롭게 리모델링하기

01 제2의 신혼을 맞듯 행복하게 살아가기 • 72
02 취미생활은 활기 넘치는 에너지를 공급한다 • 83
03 인생을 거듭나게 하는 한 가지 종교는 꼭 가져라 • 92
04 공부하는 습관으로 지적으로 늙어가기 • 102
05 낡은 마인드를 새롭게 리모델링하기 • 110

CHAPTER 3

외로움의 노예는
절대 되지 마라

01 외로움의 노예는 절대 되지 마라 • 120
02 체면을 버리면 거칠 것이 없다 • 128

03 잘되는 50대, 잘 안 되는 50대 • 137
04 자신의 전공을 살려 성취감을 즐겨라 • 146
05 삶을 가치 있게 하는 한 가지 봉사는 꼭 하기 • 155
06 인간관계를 새롭게 재정비하라 • 163

CHAPTER 4

더 많이 함께하고,
더 많이 사랑한다고 말하기

01 힘들다고 느낄 때 감사목록 쓰기 • 174
02 더 많이 함께하고, 더 많이 사랑한다고 말하기 • 183
03 자신을 위해 주고, 자신을 격려하기 • 191
04 자식에게 짐이 되지 않기 • 200
05 멋지고 품위 있게 늙어가기 • 210

CHAPTER 5

대한민국 50대,
브라보 유어 라이프

01 대한민국 50대, 브라보 유어 라이프 • 222
02 두고두고 기억하는 멋진 추억 만들기 • 234
03 50대 이후 무리한 투자는 망하는 지름길이다 • 243
04 생각은 녹슬지 않게, 몸은 삐걱거리지 않게 • 253
05 똑똑하게 문화생활 즐기기 • 262

|프롤로그|

찬란하게 빛나는,
후회 없는 삶을 위하여

　우리나라 직장인 평균 퇴직 연령은 50대 중반이다. 우리나라 사람 평균수명이 80인 지금, 이를 기준으로 한다고 하더라도 약 25년을 직장 없이 살아야 한다. 2~30년 전만 해도 50대는 중노인 측에 속했지만, 지금의 50대는 혈기왕성하다. 앞으로도 10년 동안은 쌩쌩하게 일할 수 있다.
　그런데 직장 없이 살아야 한다니 이건 고통이며 고행이라 할만하다. 그렇다고 어디다 대고 하소연도 할 수 없는 실정이다. 일감 나누기 등 여러 가지 방안이 모색 중이지만 지금으로서는 쉽지 않다. 다행히 지금껏 해오던 일과 관련된 일을 할 수 있는 자리가 있다면, 비록 수입이 적더라도 감지덕지해야 한다. 이는 마치 행운과도 같은 일이니까, 말이다. 나아가 자신이 전공한 일을 계속할 수 있다면 이건 대단한 축복이 아닐 수 없다. 이는 퇴직 후 재취업을 한다는 게 그만큼 힘들다는 얘기다. 그러다보니 주로 식당을 열거나 프랜차이즈 업종에 몰린다. 그런데 이 또한 쉽지가 않다. 열에 여덟은 중도에서 문을 닫는다. 하루아침에 극빈층으로 추락하고 만다. 가정은 깨어지고 사랑하는 가족은 뿔뿔이 헤어지기도 한다. 한마디로 비극이 따로 없다.

 이런 일을 겪지 않으려면 신중에 신중을 기해야 한다. 가급적 돈을 투자해서 하는 일보다는 몸은 힘들더라도, 수입은 적더라도 재취업을 하는 게 훨씬 효과적이다. 퇴직금은 그대로 간직할 수 있으니 그것만으로도 다행스런 일이라고 생각해야 한다. 지금은 그게 현명한 일이다.

 50대는 돈이 가장 많이 들어가는 시기이기도 하다. 자녀들을 결혼시키거나 대학에 다니는 자녀들 뒷바라지를 해야 하기 때문이다. 상황이 이렇다보니 무슨 일이든 해야만 한다. 설령, 가정경제가 좋다고 해도 일 없이 지내는 것보다는 일을 하는 것이 삶의 활기를 주어 바람직하다고 하겠다.

 찬란하게 빛나는 후회 없는 삶을 위해서는 첫째, 자존감을 지켜야 한다. 자존감은 스스로를 사랑하고 존중하게 한다. 자신을 사랑하고 존중하면 자신을 함부로 여기지 않아 자기계발에 열정을 다하게 된다. 그러면 인생후반기 제2의 기회는 반드시 온다. 둘째, 낡은 마인드를 새롭게 리모델링해야 한다. 낡은 마음, 낡은 생각은 버리고 새로운 마음, 새로운 생각으로 채워야 한다. 셋째, 인생에는 연습이 없다. 인생을 즐기며 살아야 한다. 그러기 위해서는 남은 열정을 불태워 매사에 최선을 다해야 한다. 넷째, 공부하는 습관을 들여 지적으

로 늙어간다는 것은 스스로를 대접하는 것과 같다. 나이가 들어 지성미를 갖는다는 것은 진정으로 자신을 사랑하는 멋진 일이다. 다섯째, 사랑하는 이들과 더 많이 함께 하고, 더 많이 사랑한다고 말하라. 사랑하는 이들이 자신 곁에 있다는 것은 참으로 행복한 일이다. 여섯째, 똑똑하게 문화생활을 즐겨라. 문화는 창의적인 생각을 드높이고, 삶의 질을 향상시키는 매우 유익한 삶의 비타민이다. 일곱째, 못다 이룬 꿈을 위해 남은 열정을 불태워라. 못 이룬 꿈을 이루는 것은 신나고 감사한 일이다. 혹여, 꿈을 이루지 못해도 열정을 바쳐 시도했기에 후회는 남지 않는 법이다. 찬란하게 빛나는 후회 없는 삶

을 사느냐, 그렇지 못하느냐는, 오직 자신이 해결해야 할 문제이다.

50대는 본격적으로 노년기에 접어드는 시기이다. 정신과 육체가 건강해야 더 생산적이고 창의적이고 긍정적으로 살아갈 수 있다. 정신을 건강하게 하기 위해서는 꾸준한 독서가 필수이다. 독서를 하면 생각하게 되고, 생각의 근육을 키워줌으로써 창의성을 길러준다. 창의성을 가진 사람은 무엇이든 창의적으로 생각하려고 해 생각이 젊고 아이디어가 뛰어나다. 또 독서는 치매 예방에도 매우 효과적이다. 그리고 육체를 건강하게 하려면 매일 꾸준하게 운동을 하는 것이 좋다. 일주일에 3일을 30분씩만 운동을 하면 신진대사가 원활하게 되어 피로를 없애주고, 근육을 탄탄하게 하여 건강한 몸으로 활기차게 50대를 보냄은 물론 60대 이후를 건강하게 보낼 수 있다고 한다.

성공한 인생은 많은 부를 축적하고, 명예를 누리고, 이름을 내고, 높은 지위에 오르는 것만이 아니다. 자신이 행복하고 후회가 없다면 그 어떤 일을 하며 살더라도 그 사람은 진정으로 성공한 인생이다. 삶은 무엇이 되느냐가 중요한 것이 아니라, 어떻게 사느냐가 더욱 중요한 것이다.

인생은 두 번 다시 오지 않는 흘러간 강물과 같다. 자신에게 행복을 선물하고, 사랑을 선물하는 찬란하게 빛나는 50대가 되라.

김 직

 # 나를 지탱하는 힘,
끝까지 자존감自尊感을 지켜라

    나이가 들어갈수록 나타나는 현상은 자신의 존재성과 가치에 대해 애착을 잃어간다는 것이다. 언제나 푸른 청춘인줄 알았는데 흰머리가 듬성듬성 생기고, 팔다리에 근육이 빠져 힘이 없어지면 공연히 서글픈 마음이 든다. 눈물 없던 남자들도 슬픈 모습을 목격하거나 드라마를 보다가도 우는 횟수가 점점 늘어난다. 젊은 시절 소위 잘 나간다는 사람들도 퇴직을 하고 나면 쌩쌩하던 패기는 가뭄에 축 처진 플라타너스나무 이파리처럼 시들거리고, 하루하루를 초조한 마음으로 보낸다. 현직現職이라는 자리가 사람을 쌩쌩하게 만들기도 하고, 시들거리게도 만든다.

    그런데 문제는 이런 현상은 자신의 의지와는 상관없이 일어난다는 것이다. 어깨에 힘이 빠지고, 아내의 눈치를 살피게 되고, 친구와의 만나는 횟수도 점점 줄어든다. 자신보다 더 낫다고 생각하는 사람을 보면 공연히 자신이 못나 보이기까지 한다. 그러다보니 점점 더 자신감을 잃게 되고, 그것이 심해지면 우울증에 걸려 비감한 생활로 인해 마치 인생의 패배자처럼 자신을 여기게 된다. 이는 남자나 여자 할 것 없이 나타나는 현상이다. 특히, 퇴직을 한 남자들에게 더 많이 나타난다. 이를 그대로 방치한다는 것은 자신을 스스로 멸시하고 천대하는 것과 같다. 자신이 이런 상황에 놓여 있다고 판단이 들면 떨치고 일어서야 한다. 그렇지 않으면 남은 세월동안 상실감에 사로잡혀 스스로를 불만스럽게 여겨 불행한 삶의 늪에 갇히게 된다.

나를 지탱하는 힘
자존감自尊感을 세워라

자존감이란 '자신의 존재 가치를 존귀하게 여기는 마음'을 말하는데, 자존감이 있고 없고는 인생을 살아가는데 매우 중요하다.

있는 듯 없는 사람이나, 있어도 없는 것처럼 느껴지는 사람은 무슨 일을 하더라도 빛이 안 난다. 존재감 자체가 희미하기 때문이다. 그러나 자존감이 강한 사람은 어느 곳, 어느 자리에서나 당당하고 결코 기가 꺾이는 법이 없다. 이런 사람은 무엇을 해도 자신의 존재 가치를 확실하게 보여준다. 그럼으로써 자신은 아직도 죽지 않았다는 것을 자신과 주변 사람들에게 각인시키며 자족감自足感을 누리며 산다. 자존감이 50대에게 미치는 중요성에 대한 이야기이다.

장동국은 대기업 이사로 명퇴를 하였다. 그의 나이 53세 때이다. 그는 동기들 중 언제나 앞서서 승진을 하는 등 능력 있는 사원으로 인정받았다. 그야말로 분골쇄신하는 자세로 회사를 위해 젊음의 열정을 다 바쳐 일했다. 그러나 이런 그에게도 늘 가슴 한 구석엔 아쉬움이 도사리고 있었다. 나이를 먹어갈수록 그 아쉬움은 점점 더 커져만 갔다.

학창시절 그에게는 꼭 이루고 싶은 꿈이 있었다. 그런데 가난한 집 3남매 장남이고 보니 반듯한 직장에 들어가 안정적인 생활을 통해 집안을 일으켜 세워야 한다는 강한 압박감에 사로잡혔다. 일류대를 나온 그는 자신의 뜻대로 대기업에 입사를 하였고, 열심히 일하며 두 동생이 대학을 마치도록 했다. 바로 밑에 여동생은 교육대학을 마치고 초등학교 교사가 되었고, 막내 동생은 은행에 입사해 남부럽지 않게 살게 됐다. 그는 오랜 기간 사내연애를 했지만, 결혼은 두 동생이 대학을 마치고 나서 했다. 이렇듯 그는 자신이 계획한 일을 모두 해냈다.

그러는 동안 두 아이가 태어났고, 40평형 아파트도 마련했다. 아내는 결혼과 동시에 퇴사를 하고 아이들이 초등학교에 들어가자 액세서리 가게를 냈다. 그는 한눈 안 팔고 장남으로서, 한 가정의 가장으로서 모범적인 삶을 살아온 책임감이 강한 멋진 남자다.

그런데 그가 자신이 바라는 대로 모든 것을 이뤘다고 생각하자 이루고 싶은 꿈이 되살아난 것이다. 그는 이 문제를 두고 오랫동안 고민을 하다 더 늦기 전에 해야겠다고 결심을 하고는 아내에게 자신의 생각을 말했다. 그의 얘기를 듣고 아내가 말했다.

"여보, 당신 그동안 애 많이 썼어. 당신 뜻대로 해."
"정말 그래도 될까?"
"그럼. 당신은 그럴만한 자격 충분해."
"당신이 그렇게 말해주니 무거웠던 마음이 한결 가벼워졌어. 그렇지만 당신한테 큰 짐을 지우는 것 같아 마음이 좀 그래."

그랬다. 그는 자신만 생각하는 것 같아 아내에게 너무 미안했다.

"그동안 저축한 돈과 퇴직금하고 내가 가게에서 버는 돈 만으로도 애들 가르치고 생활해 나가는 데는 아무 문제없어. 그러니 당신이 하고 싶은 것 해. 더 늦기 전에."

아내는 그의 손을 꼭 잡으며 말했다. 그녀의 눈엔 그를 생각하는 마음이 밤하늘의 별처럼 투명하게 반짝였다.

"당신이 나에게 용기를 주니 자신감이 막 생기는 것 같아. 내가 꿈을 이루게 되면 그 꿈을 통해 당신과 애들에게 남편으로서 아빠로서 책임을 다하도록 할게. 정말 고마워 여보."

그는 이렇게 말하며 환하게 웃었다.

"당신은 충분히 할 수 있어. 난 언제나 당신을 믿어."

그들은 이렇게 말하며 두 손을 꼭 잡고 밝게 미소지었다.

동국은 남들이 부러워하는 대기업 이사라는 자리를 자신의 꿈을 위해 과감하게 내려놓았다. 그리고 그는 대학교 평생교육원에서 진행하는 문예창작 수강증을 끊었다. 그리고 하루도 빠짐없이 강의를 들었다. 그의 가슴엔 꿈을 향한 도전으로 희열이 넘쳤다. 그는 닥치는 대로 시집과 소설, 에세이를 읽으며 습작을 했다. 그렇게 공부하기를 2년, 그는 한 문예지에서 공모한 시에 당당하게 당선되며 시인으로 등단하는 기쁨을 누렸다.

그의 등단을 가장 기뻐해준 사람은 그를 믿고 용기를 준 아내였다.

"여보, 난 당신이 해낼 줄 알았어. 시인이 된 걸 축하해."

"고마워. 이 모두가 당신이 날 믿고 용기를 주었기 때문이야. 이 모든 공은 다 당신거야."

 그는 이렇게 말하며 자신을 믿어준 아내를 꼭 안아주었다. 그리고 두 아이도 아빠의 자랑스러운 모습에 크게 감동하였다.

 시인이 된 그는 그동안 쓴 시를 모아 시집을 냈다. 그 기쁨이란 목숨과도 안 바꿀 만큼 감격스러웠다. 그의 나이 56세, 그는 문화센터에서 진행하는 문예창작교실에서 시를 강의하며 제2의 인생을 만끽하며 살고 있다.

 그가 이렇게 되기까지에는 언제나 자존감을 소중히 여겼기 때문이다. 그는 남편으로서, 아빠로서 자신의 역할에 충실했고, 자신 스스로에게도 최선을 다했다. 만일 그가 자존감이 없었다면 새로운 꿈을 위해 도전한다는 것은 매우 힘이 들었을 것이다. 그는 자존감으로 자신을 지키며 당당하게 자신의 꿈을 이뤘던 것이다.

 다음은 자존감을 잃고 자신의 삶을 포기하며 살았던 안타까운 이야기이다.

 양중석은 경찰공무원으로 퇴직을 했다. 그의 나이 52세 때이다. 그는 총경의 꿈을 갖고 있었지만, 부하의 잘못에 대해 책임을 지고 옷을 벗고 만 것이다. 한 순간에 꿈이 깨져버린 그는 지독한 상실감으로 인해 사람들과의 접촉을 꺼리고, 가족과의 사이에도 냉기류가 흘렀다. 아내는 억울하게 옷을 벗은 남편의 고충을 마음 아파하며 무엇이든 이해해주려고 했다. 하지만 중석은 그 어떤 위로도 받아들이지 않았다. 그는 자신을 미워하며 스스로를 경멸했다. 그는 자존감을 잃고 만 것이다.

하루하루가 그에겐 고통이며, 아픔이었다. 그는 상실감에서 오는 패배의식에 사로잡혀 누구의 말도 들으려고 하지 않았다. 스스로를 '고독과 우울'이라는 감옥에 가두고 말았다.

그는 누구보다도 성실했고, 아내와 자녀들에겐 자상하고 따뜻한 아빠였다. 그랬던 그가 180도 변해버린 것이다.

"기영이 아빠, 너무 마음 아파하지 말아요. 당신이 잘못을 하지 않았다는 거 알만 한 사람은 다 알아요. 그러니 자책하지 마세요. 그러다 몸 상하면 어떡하려고요."

아내는 수시로 그를 위로하며 용기를 주었다.

"당신과 애들을 볼 면목이 없어. 미안하오. 나 같은 건 당신이나 애들한테 짐만 될 뿐이야."

그는 아내의 말에 자신을 못났다며 스스로를 책망하며 경멸했다. 그는 아내와 애들에게도 자신의 존재에 대해 무가치하게 생각했던 것이다.

그는 술로 세월을 보냈다. 그러다 보니 그의 몸은 점점 쇠약해져 갔다. 아내가 아무리 몸에 좋은 것을 해주어도 소용이 없었다. 자존감을 잃은 그에겐 좋은 것, 기쁜 것, 행복한 것이라고는 없었다. 오직 자신을 못난 사람으로 취급하고 스스로를 괴롭혔다.

그렇게 세월을 보내던 어느 날 그는 뇌졸중으로 갑작스럽게 쓰러지고 말았다. 병원에 실려 간 그는 입원한지 열흘 만에 세상과 영영 이별을 하고야 말았다.

그토록 성실하고 총명하던 그가 자존감을 잃자 한없이 무너져 내리더니 끝내는 다시 돌아오지 못할 곳으로 떠나고 만 것이다.

나에게 꿈을 주는 자존감
나를 잃게 하는 자존감의 상실

두 이야기를 통해 알 수 있듯 장동국과 양중석은 둘 다 50대 초반에 직장을 그만두었다. 동국은 새로운 꿈을 위해 스스로 회사를 나왔지만, 중석은 타인의 잘못으로 인해 옷을 벗었다. 동국은 자존감을 갖고 새로운 꿈에 도전하여 승리했지만, 중석은 자존감을 잃고 패배감에 사로잡힌 끝에 허무하게 세상을 뜨고 말았다. 만일 중석이 상실감을 떨쳐내고 잃어버린 자존감을 되찾았다면 어떻게 되었을까. 그는 새롭게 마음을 다잡고 새로운 자신으로 거듭나기 위해 노력했을 것이다. 그리고 자신의 존재가치에 대해 감사하게 여기며 행복하게 살아갈 것이 분명하다.

"강한 자존감은 당신이 전쟁에서 포로가 되었을 때 당신이 비굴해지지 않도록 해 줄 것이다. 또 당신이 세상에 맞서 싸울 때 당신의 행동에 대해 옳은 확신을 가져다 줄 것이다."

이는 러셀이 한 말로써 자존감의 중요성을 함축적으로 잘 보여준다. 자존감이 강한 사람은 죽음의 공포 앞에서도 흔들리지 않는 강한 마인드를 갖고 있다. 그래서 이런 사람은 그 어떤 상황에서도 자신의 존재가치를 위해 최선을 다한다. 그리고 그 결과는 긍정적이며 희망으로 나타난다. 또 다른 말을 하나 더 보기로 하자.

"자존감이야 말로 모든 미덕의 초석이다."

이는 존 허셀이 한 말로 모든 미덕의 초석이라는 이 말 역시 자존감의 중요성을 잘 말해준다. 자존감이 한 인간에게 미치는 영향이 얼마나 큰 가치성을 지니고 있는지 잘 알 수 있다.

  러셀과 존 허셀의 말에서 보듯 인간에게 있어 자존감이란 절대적인 가치이다. 자존감은 꿈을 주고, 용기를 주고 희망을 주지만, 자존감을 잃으면 꿈도, 사랑하는 가족도, 용기와 희망도 모두 잃을 수 있다.
  사람은 누구나 자신의 의지와 상관없이, 또는 잘못과 상관없이 억울한 일을 당하는 수가 있다. 이것처럼 불행한 일은 없다. 그러나 그렇다고 해서 자존감을 잃고 방황한다면 자신은 물론 가족과 부모형제에게 치명적인 아픔을 남기게 된다. 하지만 자존감을 잃지 않는다면 최악의 상황에서도 자신을 극복하고 자신이 원하는 길을 갈 수 있다.

자존감을 기르는 비법

  자존감은 얼마든지 기를 수 있다. 노력해서 안 되는 것은 없다. 본인이 어떻게 하느냐에 따라 결과는 확연이 달라진다. 다음은 자존감을 기르는 비법이다.

자존감을 기르는 7가지

01. 매사를 긍정적으로 생각하기.
02. 최악의 상황에 놓이게 될 수 있음을 마음에 새겨 언제나 자신의 가치를 존중히 하라.
03. 부정적인 마인드는 쓰레기통에 버리기.
04. 자신을 소중히 하고, 사랑하고 격려하기.

05. 자신을 지킬 수 있는 사람은 오직 자신뿐이라고 여겨라.
06. 사사로운 일에 마음을 쓰거나 집착하지 않기.
07. 사람은 누구나 실패할 수 있다고 믿고, 실패를 패배라고 생각하지 않기.

이상 일곱 가지를 마음에 새겨 실천할 수 있다면 어떤 상황에서도 자존감을 지켜낼 수 있다. 그리고 그 자존감을 무기로 하여 새로운 꿈을 향해 도전할 수 있다.

앞에서도 잠시 언급을 했지만 나이가 들어갈수록 잃지 말아야 할 게 자존감이다. 세월의 무게에 짓눌리게 되면 매사에 의욕을 잃기 때문이다.

특히, 50대는 인생에서 가장 버거운 시기이다. 이 시기엔 자녀들 대학공부를 가르치고, 결혼을 시키는 등 가정적으로 돈 쓰는 일이 많다. 또 퇴직을 하는 일이 가장 빈번한 시기이기도 하다.

마음과 몸이 가장 고달픈 시기인 50대를 긍정적으로 살기 위해서는 더더욱 자존감을 지키며 살아야 한다. 자존감은 사람을 살릴 수도 있고, 잘못되게 할 수도 있다. 나아가 자존감은 새로운 가능성을 열게 하는 귀하고 소중한 마인드이다.

TIP_ 생각의 나무 01

자존감은 최악의 순간에도 자신을 지키는 '라이프 보루'이다. 그래서 자존감을 지키며 산다는 것은 소중한 보석을 몸에 지니는 것보다 값진 일이다. 인생의 가장 중요한 시기인 50대는 자존감을 잃기 쉽다. 그만큼 절박하고 고달픈 시기라는 말이다. 이토록 중요한 시기에 자존감을 잃지 않기 위해서는 자신을 아끼고 존중하고 격려해야 한다.

자존감을 키우기 위해서는 날마다 거울을 보며 이렇게 말하라.

"나는 세상에서 가장 중요한 사람이다. 나는 나를 지킬 의무와 책임이 있다. 나는 행복한 나를 살아야 할 권리를 포기하지 않을 것이다."

이 말이 단순한 것처럼 보일지도 모른다. 그러나 날마다 자신에게 다짐하듯 암시를 준다면 내면 깊숙이 뿌리를 내려 어떤 상황에서도 자신을 소중하게 여기게 될 것이다.

 인생에 연습은 없다,
인생을 즐겨라

　다른 것은 두 번 세 번 재 시도를 할 수 있지만 인생은 누구에게나 단 한 번만 주어지는 하나님의 소중한 선물이다. 이처럼 보물 같은 귀한 인생을 함부로 여기거나 무가치하게 보낸다거나 재미없이 산다면 그 시간이 너무 아깝다는 생각이 든다. 젊은 시절엔 이에 대한 생각을 무덤덤하게 혹은 생각조차 하지 않았는데, 50대를 살고 있는 지금은 하루하루가 아쉽고 그렇게도 소중할 수가 없다. 이런 마음은 날이 갈수록 더 절실하다.
　필자는 2011년에 40대들을 위해 〈마흔 살, 무조건 행복할 것〉이란 제목의 책을 내고 한창 강연에 열중하였다. 필자는 장소를 바꿔가며 강연을 할 때마다 청중들에게 이렇게 질문을 했다.
　"여러분, 여러분들은 20대, 30대에 비해 40대를 살고 있는 지금 무엇이 다르다고 느낍니까?"
　이 질문에 대해 가장 많은 답변이 하루하루가 너무도 빨리 지나간다는 답변이었다. 그리고 하는 말이 하루하루를 잘 보내야겠다고 했다. 이것은 바로 나이를 먹었다는 것을 잘 인식하고 있음을 말한다.

그런데 실상에 있어서는 하루하루를 무의미하게 보내는 경우가 많다. 그 이유는 여러 가지 있겠으나 현재의 삶에 길들여져 있기 때문이다. 그래서 잘 알고도 인생을 즐기며 살지 못한다. 언제나 생각만으로 끝나고 만다. 이런 생각을 반드시 바꿀 필요가 있다. 그래서 후회 없이 살면서 인생을 잘 마무리 지어야 한다. 그것이 이 세상에 태어난 것에 대한 인간의 예의이기 때문이다.

어느 순간 누구에게나
뜻하지 않은 시련이 따른다

인생이 두 번 세 번 주어진다면 이렇게도 살아보고, 저렇게도 살아보면 좋을 텐데, 인생은 단 한번 밖에 주어지지 않는다. 이는 왜 그러할까. 이에 대한 필자의 생각은 이러하다. 단 한번 밖에 주어지지 않으니까 더욱 행복하게 인생을 즐기며 살라는 하나님의 뜻이라고.

그렇다. 인생은 한번 뿐이니까 즐기며 사는 것은 당연한 일이다. 인생은 연습이 아니니까. 그런데 나이를 먹어갈수록 입에서는 부정적인 말들이 여과 없이 쏟아져 나온다.

"인생 뭐 있어. 그 까짓것 되는대로 살다 가면 그만이지."

"이렇게 살 바엔 지금이라도 죽는 게 나아. 그렇다고 생목숨 끊을 수도 없는 노릇이고. 정말이지 내 자신이 생각해도 한심하기 짝이 없어."

"어쩌자고 내 인생은 요 모양 요 꼴일까. 차라리 태어나지나 말지."

나는 이런 말을 들을 때마다 깊은 비애감이 든다. 얼마나 사는 것이 힘들면 스스로에 대해 저렇게 말할까, 하고 말이다. 사람들마다 이야기를 해보면 누구에게나 말 못할 사연이나 고민이 있기 마련이다. 그런데 왜 자신만이 더러운 운명을 타고난 것처럼 말을 한단 말인가. 이런 생각부터 바꿔야 한다. 그래야 부정적인 자아에서 빠져나와 긍정의 자아를 실현할 수 있다.

　이미연은 마흔세 살까지는 누구보다도 행복하다고 자부할 만큼 즐겁게 살았다. 자신만을 이 세상 전부인양 사랑해주는 남편과 엄마라면 끔찍이도 생각하는 아이들이 그녀에겐 행복의 촉진재이며 근원이었다. 하루하루가 너무 행복해 내가 이렇게 행복해도 되나, 하고 두려움을 느낄 정도였다.
　일주일에 한 번은 외식을 즐기고, 한두 달에 한번은 반드시 여행을 떠나는 등 그야말로 삶을 즐길 줄 아는 가족이었다. 같은 아파트에 사는 사람들은 그녀의 가족을 이구동성으로 '해피 패밀리'라고 부러워하였다.
　그런데 그녀에게 위기가 찾아왔다. 남편이 사업을 하는 친구에게 돈을 빌려주고 보증까지 서주었는데 친구가 부도를 내는 바람에 아파트를 압류당해 아파트를 떠나야 했다. 그 아파트는 알뜰살뜰 모아 장만한 그녀에겐 보물 같은 아파트였다. 그들 부부는 가난한 대학생 커플로 만나 빈손으로 결혼을 하고 살림살이를 하나씩 하나씩 늘리는 재미를 만끽하며 살았다. 그녀의 남편은 대기업 직원으로 성실한 사람이었다. 또한 언제나 책을 손에서 놓지 않는 학구파였다. 그녀의 남편은 뛰어난 실력으로 동기생들 중에 언제나 앞서서 승진하는 등 탄탄하게 기반을 다져 나갔다. 아이들도 건강하게 잘 자라주었고, 공부는 물론 예술적 재능이 뛰어나 언제나 웃음이 떠나지 않았다.

그랬는데 좋은 일을 하고도 어려움에 처하고 만 것이다. 작은 아파트를 얻어 이사를 한 미연은 있는 돈과 대출을 받아 음식점을 내었다. 처음 얼마간은 그런대로 장사가 잘 되었다. 그러나 식당 인근에 대형식당이 생기고 나서 서서히 문제가 불거지기 시작했다. 그 식당으로 인해 손님이 반으로 급감하였다. 당연히 수입은 반쪽이 되었고, 가게 임대료와 인건비 등을 충당하기조차 버거웠다. 하루하루를 힘겹게 버티다 결국 빚만 지고 문을 닫고 말았다. 미연은 이 모든 책임을 남편에게 돌렸다. 남편이 친구 보증을 안 섰더라면 지금 같은 일을 겪지 않았을 거라며 남편을 힘들게 했다.

집안 분위기는 언제나 냉랭한 시베리아벌판이었다. 하루하루가 고통의 순간이었다. 그녀의 요구로 그들 부부는 별거를 하였다. 그녀는 별거를 하면 마음이 편해질 줄 알았는데 그게 아니었다. 역시 마찬가지였다. 하지만 그렇다고 해서 자신의 입으로 다시 집으로 들어오라고는 할 수 없었다. 그렇게 지내다보니 50대에 접어들고 말았다.

두 번의 인생은 없다
오늘을 마지막인 듯이 즐겨라

미연은 미연대로 남편은 남편대로 7년 넘은 세월을 이혼도 안한 채 남남이 되어 소중한 시간을 아깝게 흘려보내고 말았다.

그 사이 큰 딸은 대학을 마치고 직장인이 되어 자기 앞가림을 하며 미연의 짐을 덜어주었다. 아들은 대학교 2학년에 재학 중인데 아르바이트를 하며 용돈을 벌어 쓰는 속 깊은 아이다. 집안이 어려워지기 이전처럼 윤택한 살림은 아니지만 지금은 빚도 거의 다 갚았고, 33평 아파트에 전세를 살 만큼 형편도 나아졌다.

경제적으로 안정을 찾자 미연은 지난 날 남편에게 했던 자신의 말과 행동에 대해 자주 생각하곤 한다. 그땐 자신이 가장 힘든 줄로 알고 남편에게 함부로 말하고 아픔을 주었는데 지금 와서 생각하니 가장 힘든 사람은 자신이 아니라 남편이라는 걸 깨달았다. 그녀의 남편은 가정과 일밖에 모르는 성실한 사람이다. 그 힘든 가운데도 아이들 공부시키고 빚을 갚느라 7년이란 세월을 꿋꿋하게 견디어 왔다. 그렇다고 여우같은 아내가 맛있는 음식을 해주고 살같이 대하는 것도 아니고, 술을 좋아해서 술을 마시며 외로움과 괴로움을 달래는 사람도 아니었다. 그녀의 남편은 신변잡기에는 전혀 문외한이었다. 그가 속상한 마음과 스트레스를 푸는 방법은 독서와 사색, 가끔씩 하는 여행이 전부였다. 그러니 얼마나 힘이 들지는 안 봐도 빤한 일이었다. 미연은 자신의 생각을 고쳐먹고 남편에게 용서를 빌고 다시 합치고 싶은 마음이 굴뚝같았다.

어느 일요일, 저녁을 먹고 나서 그녀는 자신의 생각을 두 아이에게 말했다. 평소에 아이들은 아빠와 같이 살았으면 하는 마음을 우회적으로 드러내곤 했었다. 다만 그녀가 결단을 내리지 못했을 뿐이다.

"엄마, 잘 생각하셨어요. 지난 번 아빠 만났을 때 보니 아빠가 많이 마르셨더라고요. 마음이 아팠지만, 엄마한테는 말씀드리지 않았어요."

딸 경주가 반색을 하며 말했다.

"그래요, 엄마. 저도 누나와 같은 생각이에요. 우리가 대학을 다니는 것도 빚을 거의 다 갚은 것도 아빠가 아니면 어떻게 할 수 있겠어요. 전 아빠와 지내지 못한 7년이란 시간이 너무 안타까워요."

아들 민준은 이렇게 말하며 엄마의 생각에 전적으로 찬성하였다.

미연은 아이들이 얼마나 아빠를 그리워하는지를 알고는 가슴이 미어졌다. 자신이 아이들과 남편의 소중한 세월을 빼앗은 것에 대한 후회가 막급이었다. 그녀는 눈물을 지으며 말했다.

"미안하다. 너희들에게 아빠 없는 세월을 보내게 해서. 아빠를 만나 용서를 빌고 엄마와 너희들의 뜻을 전할게."

두 아이는 미연의 말에 기뻐하며 웃었다.

미연은 남편을 만나 자신과 아이들의 생각을 전했다. 그리고 지난날 자신의 행동에 대해 용서를 빌었다.

"고마워요. 날 다시 받아줘서."

미연의 남편은 물기 젖은 눈으로 웃으며 말했다.

"다시 받아주다니요. 당신이 원래 자리로 오는 거지요. 민준이 아빠, 지금부터는 우리 즐겁게 살아요."

"그래요. 우리 잃어버린 지난 시절의 몫까지 인생을 즐기며 삽시다. 그렇지 않으면 잃어버린 7년이란 세월이 너무 억울해 두고두고 한으로 남을 것 같아."

미연 부부는 7년 만에 행복한 미소를 지었다.

다시 합친 미연 부부는 신혼을 즐기듯 살고 있다. 그동안 가족이 다녀온 여행만 해도 2년 동안 15군데나 된다. 그리고 한 달에 한번은 가족이 외식을 즐긴다. 외식 후에는 미술전시회를 보기도 하고 연극, 음악 등의 공연을 즐기며 행복한 시간을 보낸다. 그리고 될 수 있는 한 서로를 기분 나쁘게 하지 않으려고 최대한 배려하고, 서로에게 맞춰주며 잃어버린 시간의 몫까지 열심히 챙기고 있다. 미연 부부에게는 하루하루가 그렇게 소중할 수가 없다. 그들은 오늘을 마지막인 듯이 사랑하며 즐기며 산다.

인생은 두 번 다시 오지 않는다. 오늘을 마지막인 듯이 즐겨라. 그런 이들이야말로 진정으로 복된 인생이다.

골든 인생이란
인생을 즐기며 사는 것

누구는 골든 인생으로 사는데 또 다른 누구는 자신을 개떡 같은 인생이라며 한탄을 한다. 골든 인생이라면 좋으련만 개떡 같이 사는 인생은 슬프고 비루한 인생이 아닐 수 없다. 그런데 분명히 할 것은 이는 자신이 하기 나름에 따른 문제라는 것이다. 대개의 사람들은 자신의 인생이 즐겁지 않은 것을 상대방 탓으로 돌리고, 운이 나쁘다고 불평을 한다. 뿐만 아니라 돈이 많아야 인생을 즐기며 살 수 있다고 말한다. 물론 돈이 많으면 그럴 수 있다. 그러나 돈을 두고도 인생을 즐기지 못하고 불행하게 사는 사람들도 많다. 또 가진 것이 부족해도 인생을 즐겁게 사는 사람들도 있다. 그러고 보면 꼭 돈이 많아야 인생을 즐기며 산다는 것은 잘못된 생각이라는 것을 알 수 있다.

인생이란 기쁨만 있는 것이 아니다. 슬픔도 있고, 아픔도 있는 게 인생이다. 다만 그 상황을 어떻게 인식하고 받아드리고 해결하느냐에 따라 인생은 달라지는 것이다. 이에 대해 영국의 사상가인 토머스 칼라일은 다음과 같이 말했다.

인생이란 단지 기쁨도 아니고
슬픔도 아니며
그 두 가지를 지향하고
종합해 나가는 과정에서
파악되어야 할 것이다.
커다란 기쁨도
커다란 슬픔을 불러올 것이며
또 깊은 슬픔은
깊은 기쁨으로 통하고 있다.
자기의 할 일을 발견하고
자기가 하는 일에
신념을 가진 자는 행복하다.
돈 있는 자는
자진하여 돈의 노예가 될 뿐이다.
사람의 가치는 물론 진리를 척도로 하지만,
그러나 그가 가지고 있는 진리보다는
그 진리를 찾기 위해서 맛본
곤란에 의하여 개선되어야 한다.

토머스 칼라일은 '인생이란 무엇인가'에 대한 의미를 이 글에서 잘 보여 준다. 즉, 인생이란 기쁨과 슬픔, 행복과 불행이 언제나 공존하는 존재다. 다만 지혜로운 사람은 그것을 상황에 따라 잘 적응하는데 비해 미련한 사람은 적응하지 못하고 슬픔과 불행의 노예가 되어 스스로를 불행하게 만든다는 것이다. 옳은 말이다. 자신이 진정으로 즐거운 인생이 되고 싶다면 자신에게 주어진 상황을 스스로 조율할 수 있도록 한다면 충분히 즐거운 마음으로 살 수 있다.

다음은 시빌 F. 패트릭의 〈오늘만은 이렇게 살자〉의 10가지이다. 즐거운 인생으로 살고 싶다면 이를 마음에 새겨 실천해 보기 바란다. 그러면 자신을 상황에 맞게 맞춰가며 즐거운 마음으로 살아가게 될 것이다.

오늘만은 이렇게 살자

01. 오늘만은 행복하게 지내자. 진정한 행복은 내부에 존재한다. 그것은 외부에서 오지 않는다.
02. 오늘만은 자신을 사물에 적응시켜라. 사물을 자기가 원하는 대로만 지배해서는 안 된다. 가족, 일, 운을 있는 그대로 받아들여 자기를 거기에 적응시켜라.
03. 오늘만은 몸을 조심하라. 적당히 운동을 하고 영양을 섭취하라. 몸을 혹사시키거나 함부로 하지 마라. 그러면 몸은 내 명령에 따르는 완전한 일체가 될 것이다.
04. 오늘만은 내 마음대로 강하게 하라. 자기에게 이로운 것을 배워라. 정신적인 게으름뱅이가 되지 마라. 노력과 집중력을 길러주는 책을 읽어라.

05. 오늘만은 세 가지 방법으로 영혼을 움직여라. 남이 알아차리지 못하게 선한 일을 행하라. 윌리엄제임스가 말한 것처럼 수양을 위해 적어도 두 가지는 자신이 하고 싶은 것을 하라.
06. 오늘만은 유쾌한 태도를 가져라. 되도록이면 기력이 왕성한 모습을 하고, 어울리는 옷을 입고, 조용히 말하고, 예의 바르게 행동하고, 아낌없이 남을 칭찬하라. 그리고 남을 비판하지 말며 그 어떤 약점도 지적하지 말고, 남을 훈계하거나 경고하지도 마라.
07. 오늘만은 오늘 하루를 위해 열심히 살아라. 인생의 모든 문제를 한꺼번에 처리하려고 하지 마라. 그 어떤 일도 단 한 번에 이루어지는 것은 그리 흔치않음을 기억하라.
08. 오늘만은 하루의 계획을 세워라. 시간마다 해야 할 일을 적어두라. 그대로 다는 할 수 없을지 모르지만 해보라. 초조와 게으름을 제거할지도 모른다.
09. 오늘만은 30분 동안 혼자서 조용히 쉴 수 있는 시간을 가져라. 그리하면 자신의 인생에 대한 올바른 인식을 할 수 있을 것이다.
10. 오늘만은 두려움을 갖지 마라. 행복해져라. 아름다운 것을 즐기고 사랑하라. 내가 사랑하는 것이 나를 사랑하고 있다고 믿고 두려움을 갖지 마라.

TIP_생각의 나무 02

인생이 즐겁지 않다고 말하는 사람들이 많다. 그 이유는 되는 일이 없다는 것이다. 충분히 이해가 가는 말이다. 되는 일이 없으면 매사에 자신감이 떨어진다. 그러니 인생이 즐겁지 않게 여겨지는 것은 당연한 일이다. 이런 가운데 인생을 즐겁게 산다는 것은 축복이 아닐 수 없다.

그런데 인생을 즐겁게 사는 사람들을 보면 돈이 많거나 좋은 환경을 가진 사람들이 아니다. 그들은 넉넉지 않은 삶에도 즐기며 사는 법을 안다. 그 비결은 무엇일까. 그것은 인생의 가치를 물질에 두지 않고, 자신이 하는 일에 둔다는 것이다. 또한 자신을 즐겁게 하는 일에 몰두한다는 것이다. 가령, 봉사활동을 한다든지, 취미가 비슷한 사람들과 교류를 하며 자아를 실현한다든지, 새로운 꿈을 이루기 위해 열중한다든지 그 이유도 여러 가지다.

이런 관점에서 볼 때 돈은 즐겁게 사는데 도움은 되지만, 즐겁게 살아가는데 절대적이라는 건 아니라는 것이다. 자신을 즐겁게 하는 것, 바로 그것이 인생을 즐겁게 사는 비결인 것이다.

03 못다 이룬 꿈을 위해 남은 열정을 불태워라

　자신의 꿈대로 살고 있느냐고 물어보면 많은 50대들이 'NO'라고 대답한다. 그리고 그 이유에 대해 먹고 사는데 골몰하다보니 그렇다고 이구동성으로 말한다. 그러고 보면 그 꿈이 무엇이건 간에 자신의 꿈대로 현재를 산다는 것은 감사한 일이 아닐 수 없다.

　그런데 문제는 먹고 사는 것이 해결된 상태에서도 못다 이룬 꿈에 대해 열정을 가지지 않는다는 것이다. 마치 자신과는 아무 상관없는 것처럼 여긴다. 이런 현상은 나이가 많은 사람일수록 더 많이 나타난다. 그들이 그런 태도를 취하는 것은 꿈은 젊은 시절이나 꾸는 것이지 나이를 먹으면 꿈과는 무관하다고 스스로가 단정짓기 때문이다. 이처럼 그릇된 생각을 버리지 않는다면 아무리 주변에서 권유를 한다고 해도 우이독경에 지나지 않는다.

　무슨 일이든 본인의 의지가 중요한 것이다. 모두가 못한다고 해도 본인이 하겠다면 되는 것이다. 어느 누구도 자신을 대신해서 꿈을 이루어 주지 못한다. 자신의 꿈은 오직 자신밖에 이룰 수 없는 것이다.

　그렇다면 무엇을 망설일 것인가.

50대를 살고 있는 현재의 자신을 객관적으로 그리고 진지하게 생각해 보라. 지금 자신이 원하는 삶을 살고 있는지를. 만일 그렇다고 판단이 되면 당신은 만족한 삶을 산다고 해도 좋다. 그러나 그렇지 않다고 생각하면 당신은 불완전한 삶을 살고 있는 것이다. 그렇다면 문제는 간단하다. 자신이 못다 이룬 꿈을 위해 남은 열정을 바치면 된다. 열정이란 다듬으면 다듬을수록 더욱 빛나는 다이아몬드와 같이 자신의 잠재된 능력을 한껏 끌어올리는 '마인드 배터리'이다.

모든 것은 이룰 수 있다는
의지에 따라 결정된다

자신의 못다 이룬 꿈을 이루기 위해서는 열정적으로 시도하겠다는 의지가 중요하다. 아무리 그럴듯한 계획을 세운다 하더라도 시도하지 않으면 아무것도 이룰 수 없다. 꿈이란 시도하는 자만이 취할 수 있는 '인생의 고귀한 선물'이다.

이에 대해 토머스 로버트 게인즈는 이렇게 말했다.

"꿈꾸는 것도 훌륭하지만 꿈을 실행에 옮기는 것은 더 훌륭하다. 신념도 강하지만 신념에 실행을 더하면 더 강하다. 열망도 도움이 되지만 열망에 노력을 더하면 천하무적이다."

백 번 천 번 지당한 말이다. 다음은 못다 이룬 꿈을 간절히 기도하고 실행함으로써 당당하게 이뤄낸 한 남자의 눈물겹도록 감동적인 이야기이다.

한 남자가 있다. 그는 1992년 유고슬라비아연방의 하나인 몬테네

그로를 떠나 미국으로 갔다. 그가 미국으로 간 이유는 베오그라드의 대학에서 법학학사 학위를 취득할 무렵 내전이 일어나 세르비아가 주도하는 유고슬라비아 군대에 강제 징집될 위기에 놓이게 되었기 때문이다. 가톨릭교도이자 알바니아계였던 그는 전쟁의 명분이 뚜렷하지 않는 전쟁에 나가지 않기 위해 홀로 미국으로 망명한 것이다.

 미국으로 온 그가 가진 것이라고는 아무것도 없었다. 거기다 제대로 아는 영어도 없었다. 그러다보니 그 어느 곳에도 취직할 수 없는 그야말로 진퇴양난이었다. 그는 미래를 위해 무려 7년 동안이나 무료로 영어강좌를 들었다. 그 길만이 자신이 살 수 있는 유일한 방법이었기 때문이다. 오랜 고생 끝에 2000년에야 비로소 컬럼비아대학교에 청소부로 취직할 수 있었다.

 그런데 그때 그의 눈을 번쩍이게 하는 일이 있었다. 그것은 그가 그토록 바라던 공부에 관한 일이었다. 학교직원이 공부를 하면 수업료를 면제해준다는 규정을 알게 된 것이다. 그는 망설임 없이 학교 규정에 따라 학부과정에 등록하였다. 그는 일하면서 공부하는 것이 꿈만 같았다. 그의 한쪽 가슴은 못다 이룬 공부에 대한 열망으로 언제나 불타고 있었는데, 그 꿈을 이룰 수 있는 기회가 주어진 것이다.

 하지만 고된 청소 일을 하면서 공부를 하기란 쉽지 않았다. 오전에 수업을 듣고 오후 2시부터 밤 11시까지 일을 해야만 했기 때문이다. 그는 일을 마치면 집에 가자마자 책을 펼쳐들었다. 그러나 누적된 피로로 인해 눈까풀이 스르르 감겼다. 그러면 그는 잠을 쫓기 위해 세수를 하고는 다시 책상에 앉기를 반복하였다. 이처럼 그는 소나기처럼 쏟아지는 잠을 참으며 공부와 씨름을 하곤 했다. 특히, 논

문을 쓸 때나 시험기간에는 거의 잠을 한 숨도 자지 못했다. 그래도 그는 행복했다. 그에겐 꿈을 이루는 소중한 시간이었기 때문이다. 그렇게 공부한지 어언 12년, 그는 드디어 꿈에 그리던 학사 학위를 받았다. 그것도 우등으로 말이다. 그에 대해 알고 있는 사람들은 그의 졸업을 진심으로 축복해주었다.

지금 그에게는 또 다른 꿈이 생겼다. 그것은 대학원에 진학해 석사 학위를 받고, 그리스 로마 고전학을 가르치며 좋은 고전을 알바니아어로 번역하는 것이다.

그는 꿈을 이룬 소감을 묻는 NBC기자에게 "다른 사람들도 나 같은 나이에 학교에 다니는 것을 부끄러워하지 않았으면 좋겠다."고 말하며 환하게 웃었다. 그는 53세의 가츠 필리파이라는 남성이다.

그가 꿈을 이룰 수 있었던 것은 최악의 순간에도 좌절하지 않고, 자신의 열정을 불살라 최선을 다했기 때문이다.

뜻이 있는 곳에 길이 있고, 하늘은 스스로 돕는 자를 돕는다고 했다. 필리파이라처럼 최선을 다한다면 당신도 충분히 못다 이룬 꿈을 이룰 수 있다. 다만 당신이 하지 않아서 못하는 것뿐이다.

**열정의 힘을 믿고
자신의 능력을 펼쳐라**

PGA(미국 프로골프투어)에서 무려 355번의 도전 끝에 첫 우승을 한 미국의 해리슨 프레이저. 그가 이룬 우승은 그가 PGA에 참가한 지 13년 6개월 만이었다. 참으로 놀라운 일이 아닐 수 없다.

생각해보라. 말이 13년 6개월이지 그 오랜 동안 무명으로 지내면서도 우승의 꿈을 포기하지 않는 집념이야말로 얼마나 위대한 것인지를. 그것은 그에게 있어 종교보다도 거룩하고 그 무엇으로도 바꿀 수 없는 기쁨의 극치였다. 그가 우승을 하기 전까지의 최고 기록은 바이런 넬슨 챔피언십에서 거둔 공동 14위가 고작이었다. 대개의 선수는 그 정도가 되면 자신의 실력이 모자람을 알고 포기를 하고 만다. 그러나 그는 결코 포기하지 않았다. 만일 그가 354번째 대회를 끝으로 선수생활을 포기했다면 어떻게 되었을까. 355번 만에 이룬 우승은 물 건너갔을 것이다.

 필자는 이 이야기를 듣고 크게 감동하지 않을 수 없었다. 그동안 필자가 보아온 그 어떤 선수보다도 집념이 강했기 때문이다. 이처럼 열정의 힘은 대단하다. 자신의 능력을 펼치고 싶다면 열정을 힘을 믿고 될 때까지 실행하라.

 여기 피나는 열정으로 자신의 꿈인 동화작가의 꿈을 이룬 52세의 여성이 있다. 그녀는 공무원으로서 오랜 동안 동화작가의 꿈을 꿈꿔왔다. 모든 꿈이 그렇듯 꿈을 이루기 위해서는 피나는 노력이 있어야 한다. 노력 없이 이루어지는 꿈은 어디에도 없다. 다만, 노력을 하지 않아 이루지 못하는 것이다.

 그녀는 바쁜 공직생활을 하면서도 틈틈이 소재를 발굴하고 습작에 몰두하였다. 그렇게 한 편 두 편 동화가 쌓여갔고 마침내 대교 눈높이 아동문학대전 장편동화 부문에서 대상을 받았다. 그리고 그토록 원하던 동화책을 출간하였다. 꿈을 이룬 그녀는 스스로에게 감사하였다. 자신이 꿈을 포기했더라면 결코 이룰 수 없는 꿈이었기 때문이다. 그녀는 권영이 동화작가이다.

　PGA에서 무려 355번의 도전 끝에 첫 우승을 한 프레이저나 50이 넘어 동화작가의 꿈을 이룬 권영이 작가, 이 두 사람의 공통점은 열정의 힘을 믿고 자신의 능력을 펼치는 일에 최선을 다했다는 것이다. 열정과 노력보다 더 확실한 성공의 무기는 없다. 열정과 노력은 언제나 함께 하는 언어의 연인이다.

　만일 당신이 지금 이 순간 못다 이룬 꿈을 위해 갈등하고 있다면 당장 갈등을 멈춰라. 그리고 지금 즉시 당신의 꿈을 향해 나아갈 것을 스스로에게 약속하라. 그러고 나서 꿈을 이룰 때까지 앞만 보고 나아가라. 그러면 반드시 어느 순간 이루어진 당신의 꿈과 만나게 될 것이다.

꿈을 이루는 성공 마인드

　워싱턴 어빙은 말했다.

　"위대한 사람은 목적을 갖지만 대개의 사람들은 소망만 갖는다."

　이는 무엇을 의미하는가. 그것은 목적의 중요성, 즉 꿈을 이루는 실체적인 방법을 의미한다고 하겠다.

　그리고 또 한 사람, 리처드 브리크너는 이렇게 말했다

　"희망은 절대 당신을 버리지 않는다. 다만 당신이 희망을 버릴 뿐이다."

　이 말의 의미는 희망을 갖는 한 희망은 반드시 이룰 수 있음을 뜻한다고 하겠다. 단, 희망을 버리지 말아야 한다는 전제 조건하에서 말이다.

다음은 꿈을 이루는 마인드에 대해 알아보자.

꿈을 이루는 7가지 마인드

01. 마음으로만 성공을 꿈꾸지 말고 지금 당장 시도하라.
02. 내가 해낼 수 있을까, 하는 불신을 마음속에서 꺼내 버리고 자신을 인정하라.
03. 담대하게 생각하라. 할 수 있다고 생각하면 충분히 할 수 있다.
04. 그 어느 순간에도 패배의식에 빠지지 않는 것이 중요하다. 패배의식에 사로잡히면 할 수 있는 것도 놓치고 만다.
05. 자신이 이루고 싶은 꿈을 이미 이룬 사람이 했던 것처럼 자신의 관점에서 실행해보라. 어떻게 하면 잘할 수 있는지에 대해 알게 될 것이다.
06. 언제나 배우고 익히는 자세를 견지하라.
07. 날마다 아침에 거울을 보고 넌 할 수 있다고 스스로를 격려하라. 자신에게 주는 암시의 효과야 말로 잠재된 능력을 최대로 끌어 올린다.

꿈을 이루는 7가지 마인드를 마음이 새겨 지속적으로 실행한다면 반드시 자신의 꿈을 이루는 마법의 순간을 경험하게 될 것이다. 그런데 그렇게 하기란 쉽지 않다는 것이다. 인내가 필요하기 때문이다. 참고 견디는 힘, 끝까지 해내는 힘이야 말로 꿈을 이루는 가장 똑똑한 방법인 것이다.

TIP_생각의 나무 03

꿈은 나이를 가리지 않는다. 다만 자신이 나이를 들먹이며 꿈과는 무관하다고 생각하는 것, 이것이 꿈과 멀어지게 하는 가장 큰 요인이다.
왜 나이를 따지려고 하는가. 나이는 숫자에 불과하다. 꿈을 이루기 위해서는 나이를 따지지 말아야한다. 그것보다는 나도 할 수 있다는 생각을 갖는 것, 이것이야말로 진정으로 필요한 꿈을 이루는 필수 요건이다.
꿈은 나하고 상관없다고 생각하면 절대 찾아오지 않는다. 꿈은 그런 사람을 경멸하고 비웃는다.
꿈을 이루고 싶은가. 그렇다면 날마다 영혼의 푸른 안테나를 높이 세우고, 자신의 꿈의 주파수를 찾아라. 주파수가 자신의 꿈과 맞아 떨어지는 순간 꿈은 이루어진다.

걱정은 만병의 근원
걱정을 물리치는 법

 나이를 먹어갈수록 나타나는 현상 중 하나가 별일도 아닌 것에 대해 걱정을 사서하는 것이다. 기우杞憂라는 말이 있듯 공연히 쓸데없는 걱정에 매이는 것은 건강에 악영향을 미친다. 이런 걱정이야말로 백해무익 그 자체다. 이에 대해 자기계발전문가이자 동기부여가인 노만 V. 피일 박사는 이렇게 말했다.

 "우리는 잔걱정에 시달리지 말아야 한다. 잔걱정이란 건강하지 못한 마음에서 오는 파괴적인 습관에 불과할 뿐이다. 누구나 태어나면서 잔걱정하는 습관을 갖고 있지 않다. 잔걱정이란 후천적으로 얻어지는 것이다. 때문에 모든 습관이나 후천적인 태도는 언제든지 바꿀 수 있다. 그러므로 잔걱정도 우리 마음에서 얼마든지 털어버릴 수 있는 것이다."

 노만 V. 피일 박사의 말에서 보듯 걱정은 파괴적인 습관일 만큼 좋지 않다. 그러기 때문에 나쁜 습관을 바꾸듯이 걱정을 마음속에서 몰아내야 한다. 걱정이 지나치면 삶 자체가 위협받게 되기 때문이다. 이의 심각성에 대해 미국의 저명한 외과의사인 조오지 W. 크라일 박사는 이렇게 말했다.

"우리는 마음으로만이 아니라 심장과 폐와 내장으로도 걱정을 한다. 그러므로 걱정이나 근심의 원인이 무엇이든지 간에 그 영향은 세포와 조직과 신체의 각 기관에 나타나는 것이다."

크라일 박사의 말은 걱정이 얼마나 인체에 부정적으로 작용하는지를 단적으로 알게 해준다.

나이를 먹으면 생각할 일이 많아진다. 특히 50대는 가정적으로 어깨가 무겁다. 자녀들이 대학을 다니거나 또는 결혼을 시켜야 하는 등 경제적으로 심적 부담을 안고 산다. 또 사회적으로 볼 땐 직장에서 퇴직을 하는 시기이기도하다. 우리나라의 평균 퇴직연령은 55세가 안 된다. 평균수명이 80세에 이르는 지금 직장 없이 2~30년을 보내야 한다. 그러다보니 늘어가는 것은 저축이 아니라 걱정이다. 걱정은 만병의 근원이므로 걱정을 줄이는 것이 건강을 위해 매우 바람직한 일이라고 하겠다. 건강해야 그 어떤 일도 할 수 있고, 긍정적인 생각을 하며 살 수 있기 때문이다.

걱정을 몰아내고
건강하게 사는 내가 되자

걱정이란 인간이기에 어쩔 수 없이 하게 되는 암적인 요소이다. 이 암적인 걱정을 몰아내기란 결코 쉽지 않다. 걱정이란 바이러스가 마음에 침투하게 되면 심신이 괴로워진다. 괴로운 심신으로는 무엇 하나 제대로 해내기가 힘들다. 의욕을 떨어트리고, 열정을 빼앗아버려 무기력해지기 때문이다.

지인 중에 P가 있다. 그는 중소기업을 운영했는데 경제상황이 나빠지자 걱정에 매여 지냈다. 그는 지나친 걱정에서 오는 심적 압박감을 피하기 위해 거의 매일 술을 마시다시피 했다. 술을 먹으면 술기운에 걱정을 잠시라도 잊을 수 있기 때문이다. 그러다보니 걱정하는 것이 습관화가 됐다.

그러던 어느 날 몸에 이상을 느낀 그는 병원에서 검진을 받았다. 검진결과 그는 깜짝 놀랐다. 전혀 생각지도 못한 대장암에 걸린 것이다. 그것도 말기였다. 그는 큰 충격으로 그 자리에 주저앉고 말았다. 그러나 이미 때는 늦었다. 그는 수술을 받았지만 결국 숨을 거두고 말았다.

P의 성격은 지나치게 꼼꼼하고 소심했다. 이런 성격은 잔걱정에도 가슴을 조이는 타입이다. 이것이 화근이 된 것이다. 만일 P가 걱정을 사서 하지 않았다면 그렇게 허무하게 가지는 않았을 것이다.

지금 당신이 그 무슨 일로 걱정하고 있는지를 점검해보라. 그래서 걱정에 매여 있다고 판단이 들면 즉시 노만 V. 피일 박사가 제시하는 걱정을 몰아내는 10가지 방법에 귀를 기울이기 바란다. 그것은 매우 평범한 이야기 같지만, 그래서 실효성을 의심할 수도 있을 것이다. 그러나 노만 V. 피일 박사가 오랜 연구 끝에 얻은 보석과도 같은 소중한 비법이다.

걱정을 몰아내는 10가지 방법

01. 걱정은 매우 위험한 마음의 습관이다. 나는 어떤 습관도 변화

시킬 수 있다고 자신에게 다짐하라.

02. 사람들은 걱정을 함으로써 걱정의 노예가 된다. 독실한 신앙의 습관을 들여라. 그렇게 될 때 걱정으로부터 벗어날 수 있다. 모든 힘과 의지를 다해 신앙의 습관을 실천하라.

03. 매일 아침 잠자리에서 일어나 "나는 나를 믿는다."라는 말을 세 번씩 소리내어 외쳐라.

04. 오늘 하루를, 내 생명을, 내가 사랑하는 사람을, 나의 일을 신의 손에 맡겨라. 신의 손엔 악함이 없다. 신의 손엔 선함뿐이다. 어떤 일이 일어난다고 해도, 무엇이 되더라도, 내가 신의 손안에 있다면 그 무엇도 두려워 하지마라.

05. 소극적으로 말 하지 말고 적극적으로 말 하라. 항상 적극적인 행동과 긍정적인 말만 하라. 그 어떤 일도 적극적으로 행하라. "오늘 재수 없는 날이 될 것 같다."는 말 대신 "오늘은 즐거운 날이 될 것이다."라고 말하라.

06. 대충대충 말하고 일하지 마라. 비판적인 말이나 행동을 하지 마라. 압박감을 주는 분위기를 조성하지 말고 희망과 행복을 느끼도록 말하고 행동하라.

07. 걱정이 많은 사람 마음엔 우울함, 패배감, 부정적인 생각으로 꽉 차 있다. 이것을 마음으로부터 몰아내고 행복과 희망적이고 긍정적인 생각으로 가득 채워라.

08. 희망으로 가득 찬 사람과 교류하라. 창조적이고 낙관적인 사람과 소통하라. 긍정적이고 능동적으로 행동하라. 그리고 그런 사람을 자신의 주변에 배치하라.

09. 걱정으로 힘들어 하는 사람을 도와주어라. 남을 도와줌으로써 그 걱정에서 해방될 수 있음을 믿어라. 남을 도와주다보면 자신의 마음에도 용기와 희망이 싹트는 것이다.
10. 매일 자신이 예수그리스도의 협력자가 되어 살아간다고 생각하라. 그리고 예수께서 자신의 곁에서 함께 한다고 믿어라. 모든 것은 믿는 대로 됨을 믿어라.

누구에게나 문제는 있다
문제를 극복하는 바람직한 자세

인간은 언제나 문제를 안고 살아가는 존재이다. 가족문제, 건강문제, 돈문제, 직장문제, 연애문제, 친구문제 등 온갖 문제와 부딪히며 살아가고 있다. 늘 문제를 곁에 두고 사는 연약한 존재가 바로 우리 인간들이다.

그런데 이런 문제들을 해결하지 못하면 걱정근심의 바다에 빠져 하나뿐인 인생을 허비하며 쓸쓸하게 살아가게 된다. 가뜩이나 걱정이 많은 50대엔 이를 매우 유념해야 한다. 그렇지 않으면 생각지도 못한 일로 건강을 잃고 비틀거리며 자신은 물론 가족에게 아픔을 줄 수 있기 때문이다.

걱정이란 우물에 빠지지 않고 인생을 즐겁게 살아가기 위해서는 인생의 문제점들을 반드시 해결해야 한다. 인생의 문제를 떠안고 있는 한 그 어떤 행복도 기대하지 말아야 한다. 그것은 어리석은 일일 뿐이다.

문제를 명쾌하게 해결하는 10가지

01. 어떤 문제도 반드시 해결될 수 있다는 굳은 신념을 가져라.
02. 고요한 마음으로 묵상하며 최대한 평안한 마음을 가져라.
03. 무리하게 문제를 해결하려고 하지마라. 순리를 따라 차근차근 해결하라. 문제 뒤엔 항상 답이 있는 법이다.
04. 주관적인 편견을 버리고 한 발 떨어져서 객관적으로 문제점을 바라보라. 처음엔 희미하나 또렷하게 보이게 될 것이다.
05. 문제점을 메모지에 하나씩 적어보라. 그리하면 좀 더 생각이 분명하게 될 것이다.
06. 문제점에 대해 기도하라. 기도를 하면 안 보이던 길이 보일 것이다.
07. 인생의 선배나 스승에게 지혜를 구하라. 사람 사는 법은 누구나 같다. 지혜를 구하는 것도 문제해결에 한 방편이다.
08. 책을 읽어라. 책 속에 수많은 해답이 숨어 있다.
09. 낯선 곳으로 여행을 하라. 새로운 기분을 전환시키는 것도 문제점을 해결하는 좋은 방법이다.
10. 현실에서 피하지 말고 적극적으로 대응하는 자세를 가져라. 적극적이고 능동적인 자세야말로 문제 해결에 최정점이 될 것이다.

이는 노만 V. 피일 박사가 제시한 문제 해결 비법이다. 이 10가지 문제 해결 비법을 반드시 숙지하기 바란다. 그러면 어떤 문제를 만나도 당황해하지 않고 지혜롭게 자신을 컨트롤하게 되어 문제를 해결하는데 큰 도움이 될 것이다.

    지혜로운 자는 어떤 상황에서도 지혜로써 문제를 해결하지만, 어리석은 자는 술과 담배로 문제를 해결하려고 든다. 이것이야 말로 어리석음의 극치임을 잊지 말아야 하겠다.

TIP_생각의 나무 04

걱정을 사서한다는 말이 있다. 이는 하지 않아도 될 쓸데없는 걱정을 하는 것을 빗대서 하는 말이다. 쓸데없는 걱정에 매이다 보면 걱정의 사슬에 묶여 빠져나올 수가 없다.
걱정이란 동물은 매사를 부정적으로 생각하게 하고, 충분히 할 수 있는 것도 포기하게 만든다. 또한 건강에 치명적인 결함을 가져와 몸과 마음을 피폐하게 만든다. 걱정은 그 어떤 것에도 전혀 도움이 되지 않는다.
어떤 난제를 만나게 되더라도 당황하여 걱정하지 말고, 담대한 마음으로 자신을 강화시켜라. 걱정이란 동물은 마음이 담대한 사람에게는 힘을 쓰지 못한다. 마음을 담대히 하고 강건히 하라.

05 삶의 기쁨을 주는 좋은 격려자를 곁에 두기

생자필멸회자정리(生者必滅會者定離)라고 했다. 사람은 태어나면 언젠가는 생을 다하고, 만나면 헤어진다는 말이다. 그렇다. 살아가다보면 많은 사람들과 만나고 헤어지기를 반복한다. 이것은 인간에게 주어진 숙명이다.

그런데 어떤 이는 사람들과의 만남과 헤어짐을 슬기롭게 처신하는데, 또 다른 어떤 이는 서툴고 늘 불편하다. 슬기롭게 처신하면 좋겠지만, 서툴고 불편하면 많은 문제에 봉착하게 된다. 그러기 때문에 슬기롭게 대처하고 처신하는 인간관계 맺음의 방법을 배워야 한다. 왜냐하면 나이를 먹었다고 해서 저절로 갖춰지는 문제가 아니기 때문이다. 50대 중에도 많은 이들이 이 문제에 대해 자유롭지 못한 걸 보면 인간관계 맺음은 분명 쉽지 않은 일임에 틀림없다.

그렇다면 왜 인간관계 맺음이 자연스러워야 하고 좋아야 하는 것인가. 그것은 자신이 살아가는데 많은 도움을 받을 수 있기 때문이다. 스승이든, 선배든, 동료든, 후배든, 좋은 격려자를 곁에 둔다는 것은 예금통장을 갖고 있는 것보다 든든할 때가 있다. 이들은 자신이 어려운 일을 만났을 때 어려움을 해결하는 마스터 키^{Key}와 같은 존재이다.

만일 당신이 스스로 해결하기 어려운 일에 놓였다고 생각해보라. 기분이 어떨 것 같은가. 눈앞이 캄캄하고 망막함에 사로잡혀 어쩔 줄을 몰라 할 것이다. 50대를 살아오는 동안 이런 일은 누구나 경험을 했을 것이다. 그런데 그런 경험을 했음에도 어려운 일을 만나면 망막해지곤 한다. 인간이란 그만큼 나약한 존재라는 것이다.

나이가 들어갈수록 삶에 기쁨을 주는 좋은 격려자를 곁에 두어야 한다. 그래야 어려운 일을 만나도 지혜를 구할 수 있고, 용기를 얻을 수 있고, 도움을 구할 수 있어 어려움을 극복하고 자신이 바라는 길을 무리 없이 갈 수 있다. 좋은 격려자는 인생의 보험과도 같다.

**좋은 격려자는
인생의 스승이다**

자신의 인생을 잘 살아가는 사람들이나 성공한 이들을 보면 주변에 좋은 격려자들이 있음을 알 수 있다. 어려운 일을 만나거나 중대한 결정을 하는데 있어 판단이 서지 않을 때, 도움이 절실히 필요할 때 좋은 격려자는 태산보다도 더 우뚝하고 큰 힘이 되어준다. 이를 역사적인 관점에서 살펴보는 것은 당신이 50대 이후의 인생을 살아가는 데 큰 의미가 될 것이다.

충무공 이순신과 영의정 유성룡의 관계는 아주 각별하다. 이순신보다 손위인 유성룡은 어린 시절부터 이순신이 어려운 일을 격을 때마다 도움을 주곤했다. 어린 시절 이순신은 의외로 겁이 많았다. 그래서 친구들과도 잘 어울리지 못했다. 유성룡은 이런 이순신을 언제나 감싸주고 배려하며 용기를 주고 격려해주었다. 둘은 돈독한 우정을 키우며 서로의 마음에 믿음과 신의를 깊이 새겼다. 그리고 훗날 이순신이 간신배들의 중상모략으로 어려운 일에 놓일 때마다 항상 유성룡은 이순신의 방패막이가 되어주었다. 강직한 성품의 이순신에겐 공연히 그를 험담하고 시기하는 간신배들이 많았다. 이처럼 유성룡은 이순신에게 좋은 멘토이자 격려자였다.

천 가지가 넘는 발명으로 세계사에 문명의 시대를 활짝 열게 한 혁신가인 에디슨을 뼛속 깊이 존경하는 이가 있었다. 그는 에디슨의 모든 삶을 그대로 닮기를 갈구할 정도였다. 그러던 어느 날 그는 그렇게도 존경하는 에디슨과 함께 하게 되었다. 그는 이때를 놓치지 않고 자신이 설계한 자동차 디자인 도면을 보여주었다. 에디슨이 디자인 도면을 보는 동안 그의 가슴은 콩을 볶듯 콩닥거렸다. 에디슨의 한마디 말에 그의 인생이 달려있다 해도 과언이 아닐 만큼 중대한 일이기 때문이었다.

"아주 훌륭하군. 이대로만 잘 한다면 좋은 자동차가 되겠네."
"그게 정말이십니까? 선생님."
그는 흥분하여 떨리는 목소리로 말했다.
"암, 그렇고말고."
에디슨은 빙그레 웃으며 말했다.
"서, 선생님 감사합니다. 열심히 하겠습니다."

에디슨의 칭찬에 입이 함지박만 하게 벌어진 그는 뛸 뜻이 기뻐하였다. 세계최고의 발명가이자 과학자인 에디슨의 평가는 성공의 확신과도 같았기 때문이다.

그는 밤을 세워가며 자동차를 만드는 일에 열중했다. 그리고 마침내 자동차를 만들었다. 그가 만든 자동차는 사람들로부터 최고의 평가를 받았다. 그는 자동차 회사를 세우고 크게 성공하였다. 그의 이름은 헨리포드이다.

이순신장군이 세대를 초월하여 가장 존경받는 역사적 인물이 되는 데에는 군자와 같은 인품으로 언제나 방패막이가 되어주고 격려해준 유성룡이 있었기에 가능했다. 또한 헨리포드가 세계사에 영원히 족적을 남길 수 있었던 것은 에디슨의 따뜻한 격려가 있었기 때문이다.

50대란 시기는 인생의 그 어느 시기보다도 어려움이 많다. 이럴 때 따뜻한 조언과 격려로 힘이 되어주는 격려자가 있다면 '인생의 보험'을 든 것처럼 든든할 것이다.

**칭찬과 격려가
인생에 미치는 영향**
"나는 칭찬 하나로 두 달을 살 수 있다."
동화《왕자와 거지》로 유명한 마크 트웨인이 한 말이다.

영국 격언에 이런 말이 있다.

"바보도 칭찬을 하면 천재로 만들 수 있다."

마크 트웨인과 영국의 격언은 칭찬이 인간에게 미치는 영향을 단적으로 보여준다고 하겠다. 칭찬과 격려는 긍정의 에너지를 품고 있다. 그래서 칭찬과 격려를 듣게 되면 엔도르핀이 분비되어 기분을 좋게 해준다. 기분이 좋아지면 무슨 일을 하더라도 잘 해내게 된다.

한때 《칭찬은 고래도 춤추게 한다》는 책이 화제를 불러일으킨 적이 있다. 조련사들이 고래를 훈련시키면서 알게 된 놀라운 진실은 고래 같은 커다란 동물도 칭찬을 하면 훈련을 더 잘 해낸다는 연구 결과였다. 칭찬은 말 못하는 짐승도 말을 잘 듣게 할 만큼 위력이 참 대단하다.

누군가에 무언가를 가르친다는 것은 참 고맙고 감사한 일이다. 필자는 나의 가르침을 통해 변화하는 이들의 모습을 보면 그렇게 기쁠 수가 없다. 그리고 이 땅에 태어나 세상에게 진 빚을 조금은 갚은 것만 같아 가슴이 뿌듯하다.

필자가 문예창작을 강의할 때 일이다. 20여 명의 수강생들이 모두 열심히 공부를 했지만, 그 중에서도 50대 초반의 여성 L은 더욱 열정적으로 공부를 하였다. 필자는 일주일에 3명씩 순서를 정해 습작한 작품을 발표하게 했다. 그리고 작품에 대한 평을 해주었다. 동료 수강생이 발표하는 작품을 들으며 공감하는 대목에서는 웃기도 하고, 울기도 하는 등 발표시간은 매번 흥미진진했다. 그러던 어느 날 L의 발표하는 날이었다. 그녀는 그때껏 두 명의 친정어머니를 모시고 살았다. 아버지가 타지에서 일을 보다 사고로 기억을 잃는 바람에 처자식을 두고도 새로운 인연을 만나 가정을 꾸린 것이다. 그리고 세월이 지나 아버지의 기억이 되돌아오는 기적 같은 일이 일어났다. 그 후 죽은 줄만 알았던 아버지와 감격의 만남이 이루어졌다. 양가가 어색한 만남이었지만 운명이 만들어 놓은 상황을 받아들일 수밖에 없었다. L의 아버지와 본처인 L의 어머니와 새어머니와 한집에 살며 지냈다. 맏딸인 L은 어색했지만 두 어머니를 편견 없이 대했다. 세월이 흘러 아버지가 돌아가시자 L은 두 어머니를 한 집에 모시고 살았다. 새어머니에겐 자녀가 없었던 것이다. 드라마에서나 볼 듯한 일을 겪으며 그녀는 이것도 자신이 안고 가야 할 거부할 수 없는 숙명이라고 받아들였다. 물론 수도 없이 갈등을 겪었지만 말이다. 글을 읽어가던 그녀는 지난날의 말 못할 고통을 떠올리며 흐느껴 울었다. 수강생들의 눈에서도 눈물이 주르르 흘러내렸다. 발표를 마치자 수강생들은 힘차게 박수를 치며 L의 고귀한 마음을 진심으로 격려해주었다.

그 일이 있고나서 그녀는 백일장에 참가하여 그 작품으로 대상을 받는 기쁨을 누렸다. 선물을 들고 필자를 찾아와 소녀처럼 부끄러워하며 감사해 하던 L의 모습이 지금도 눈에 선하다.

그동안 나에게 가르침을 받은 수강생들 중엔 시인으로, 수필가로, 동시 작가로 등단한 이들이 있다. 필자는 그들을 생각할 때마다 그들의 인생에 작은 도움이 되었다는 것에 깊이 감사한다. 가끔씩 스승이라고 필자를 찾아오거나 연락을 해오곤 한다.

필자는 지금도 필자의 도움을 필요로 하는 이들에게 좋은 격려자가 되고 싶다. 필자에게도 언제나 한결같이 지지하고 칭찬과 격려를 아끼지 않는 스승이 계신다. 필자에게 귀한 격려자인 스승이 계심을 하나님께 감사드린다.

당신에게도 좋은 격려자가 있다면 당신은 참 행복한 사람이다. 만일 좋은 격려자가 없다면 좋은 격려자를 곁에 모셔라. 그것은 당신을 위해 매우 긍정적이며 생산적인 일이기 때문이다.

**좋은 격려자를
곁에 두는 비결**

좋은 격려자를 곁에 둔다는 것은 그만한 노력이 따라야 한다. 자신의 분야에서 성공적으로 살아가는 이들이나 또는 나름대로 가치 있는 인생을 사는 이들은 아무에게나 자신의 도움을 주지 않는다. 도움을 줄 만한 가치가 있다고 판단되어야 격려자가 되는 것을 꺼리지 않는다. 좋은 격려자를 두기위한 현명한 비결에 대해 알아보자.

좋은 격려자를 자신 곁에 두는 7가지 비결

01. 인격적으로 모가 나지 않아야 한다. 모가 난 사람은 자신에게 피해를 끼칠 수 있다고 믿어 절대로 격려자가 되지 않으려고 한다.
02. 자신이 하는 일을 열정적으로 하라. 이것은 좋은 격려자의 마음을 사는 가장 확실한 비결이다.
03. 예의를 갖춰 사람을 대하라. 예의가 없는 사람은 아무리 출중한 재능을 가져도 좋은 격려자를 모시기 힘들다. 좋은 격려자

는 예의가 없는 이들을 특히 싫어한다.
04. 잘난 척을 하거나 나서서 설치지 마라. 이런 사람 또한 자신에게 피해준다고 여겨 싫어한다.
05. 매사에 분명하고 정직해야 한다. 좋은 격려자는 이런 이에게 관심을 기울이고 도움을 주려고 한다.
06. 열심히 공부하는 사람이 되어라. 좋은 격려자는 공부하는 사람을 좋아한다.
07. 함부로 말하거나 자기 멋대로 하지 말아야 한다. 좋은 격려자는 이런 사람을 매우 싫어한다.

좋은 격려자를 자신 곁에 두기위해서는 그만한 노력이 따라야 한다. 노력하지 않으면 절대 좋은 격려자를 곁에 둘 수 없다. 좋은 격려자는 많은 돈이든 통장을 가진 것보다도 더 가치 있다. 당신은 당신 곁에 좋은 격려자를 모셔라. 그리고 당신도 누군가에게 소중한 격려자가 되기 바란다.

TIP_생각의 나무 05

좋은 격려자는 인생의 보석과도 같다. 좋은 격려자들의 응원과 위로는 힘들고 어려운 일을 만났을 때 큰 도움이 된다. 아인슈타인은 만유인력의 법칙으로 유명한 뉴턴을 멘토로 삼아 열심히 연구하였다. 그가 20세기 최고의 물리학자가 될 수 있었던 것은 뉴턴의 힘이 크게 작용하였다. 《생각하라, 그러면 부자가 되리라》는 책을 써서 일약 베스트셀러작가 됨은 물론 최고의 자기계발동기부여가가 된 나폴레온 힐은 앤드류 카네기의 격려로 크게 성공하였다.

좋은 격려자를 두기 위해서는 그만한 가치성을 인정받아야 한다. 그렇지 않으면 그 어느 누구도 격려자가 되길 원하지 않는다. 가치성이 없는 사람은 자신에게 피해를 줄 거라고 믿기 때문이다. 또한 인격을 갖추어야 하고 예의 범절을 반드시 갖춰야 함을 잊지 마라.

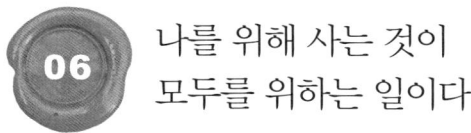

06 나를 위해 사는 것이 모두를 위하는 일이다

　우리나라 직장인들은 대략 50대 중반에 퇴직을 한다고 한다. 퇴직하고 얼마간은 출근 시간에 맞춰 부지런을 떨지 않아도 되고, 상사의 눈치를 살피지 않아도 된다. 또한 일에 대한 부담감에 사로잡히지 않아도 된다. 그러다보니 퇴직 후 2~3개월은 홀가분한 마음까지 느끼며 자유를 만끽한다. 그러나 이 기간이 길어지면 모든 상황이 점점 변하기 시작한다. 처음 얼마간은 남편에게 자유로운 시간을 주던 아내는 슬슬 남편에게 자극을 주기 시작한다. 남편이 눈앞에서 왔다 갔다 하는 것이 영 눈에 거슬리기 때문이다. 그런데 아침, 점심, 저녁 하루 세끼를 꼬박꼬박 챙겨야 하는 것도 여간 신경이 쓰이지 않는다. 그런데다 남편이 자칫 못마땅한 말이라도 하면 부아가 치밀어 오른다. 잔소리로 여겨 스트레스를 받기 때문이다.
　생각해보라. 직장에 다닐 땐 남편이 퇴근하기 전까지 자신 마음대로 시간을 관리하며 보냈는데, 남편으로 인해 터치받는다는 것은 생각만으로도 현기증이 날만하다. 그러다보니 남편은 남편대로 스트레스가 쌓여 하루하루가 힘든 노역을 치루는 것 같이 심신이 고달프다. 남편과 아내, 서로가 서로를 피곤하다고 생각하면 불화가 싹틀 수 있다. 이를 슬기롭게 대처하는 노력이 필요하다.

새로운 자아를 찾아
나를 불태워라

특히, 부부간에 있어 남편과 아내 사이에 불화가 싹트면 심신이 고달프다. 그러다보면 서로에게 불평과 불만을 일삼고, 아무렇지도 않은 사소한 말도 날카로운 화살이 되어 서로에게 상처를 준다. 결혼 한지 2~30년 된 부부들의 이혼 증가율이 날로 늘어난다고 한다. 이를 보더라도 50대 부부들의 삶은 마치 빙판을 걷듯 여간 조심스러운 게 아니다. 지금의 50대 남자들이 마지막 아버지 세대처럼 굴다가는 식은 밥은 고사하고 한겨울이나 한밤중이라도 쫓겨나기 십상이다. 이는 아내들 또한 마찬가지라고 할 수 있지만, 아내들의 입김이 남편들에 비해 월등히 세어지고 있다. 같은 입장에서 다투다보면 이기는 쪽은 대개 아내들이다. 그게 억울하다고 징징거리는 남편은 간이 부었거나 배밖에 나와 있는 사람들이다. 부부간의 갈등을 피하며 살기위해서는 지혜롭게 사는 전략이 필요하다. 다음은 갈등의 휩싸임에서 갈라서지 않고 슬기롭게 극복하며 자신이 원하는 대로 사는 남자 이야기이다.

용민은 중학교 교사로 일하다 56세 때 명퇴를 했다. 자존심이 강한 그는 점점 추락하는 교권으로 학생들을 가르치는 일에 환멸을 느꼈기 때문이다. 그런데다 결정적으로 그가 명퇴를 신청하게 된 이유는 너무도 어처구니가 없는 사건 때문이었다.

어느 날 학생을 훈계하다 그만 화가나 학생을 한 차례 때렸는데 학생이 그만 얼굴을 벽에 부딪치고 말았다. 그 사고로 학생은 머리에 상처를 입었고, 심하게 항의하는 학부모의 거침없는 말에 깊은 상처를 입고 몇 날 며칠을 교사라는 직업에 대해 생각한 끝에 명퇴를 하기로 결정하였다. 아내의 반대도 있었지만, 그는 자신의 생각대로 하였다. 시청과장인 그의 아내는 집에서 지내는 남편을 못마땅하게 생각했다. 그리고 그 사실을 누가 알기라도 할까봐 여간 신경을 쓰는 게 아니었다.

 자연이 둘 사이에는 냉기류가 흘렀고, 말다툼하는 일이 잦아졌다. 그러다 한 날은 대판 싸움을 벌이고야 말았다. 이 싸움은 서로에게 큰 상처를 주었다. 그들은 한 집에 살아도 서로에겐 투명인간이었다. 한 달을 그렇게 지내다보니 서로에게 못할 짓이라고 용민은 생각했다. 그동안 용민은 자신의 입장에 대해서만 생각했는데 아내의 입장에서 생각해보니 아내의 마음을 이해할 수 있었다. 그는 한 가지 아내에게 제안을 하기로 했다. 직장생활로 힘든 아내를 위해 자신이 살림을 하기로 결심한 것이다. 그는 요리하는 걸 좋아해 틈틈이 요리를 해서 식구들을 즐겁게 하곤 했다.

 아내가 퇴근한 후 그는 아내에게 자신의 생각을 말했다. 그의 말을 듣고 아내는 그의 의사를 존중해 주었다. 그는 다음 날 요리학원에 등록해 열심히 요리를 배웠다. 요리학원에는 자신처럼 요리를 배우는 남자들이 많은 걸 보고 깜짝 놀랐다. 그는 그들과 어울리며 다양한 요리를 배웠다.

 아이들도 그가 해주는 음식에 대해 만족했고, 아내 또한 가정의 행복을 위해 애쓰는 그에게 남편으로서 존중해주었다. 그는 가족을 위해 요리를 하는 일이 아이들을 가르치는 것보다 즐거웠다. 그리고 일주일에 2회씩 도서관에서 영어를 지도하였다. 그는 현재 자신의 생활에 만족해한다.

"당신은 어떠한 일에 책임을 지려 하는가. 무엇보다 자신의 자아실현에 책임을 지는 것이 어떤가. 자아실현을 책임질 수 없을 만큼 당신은 연약한가. 아니면 용기가 부족한가. 당신의 자아실현 이상으로 당신 자신의 것은 없다. 자아실현이야말로 당신이 가진 온 힘으로 이루어내야 하는 것이다."

이는 프리드리히 니체가 한 말로써 온 힘을 기울여야 자아를 실현할 수 있음을 말한다. 그만큼 자아실현을 하기 위해서는 열정을 가져야 한다는 말이다. 열정만큼 긍정적인 에너지도 없는 법이니까.

용민은 니체가 말했듯이 자신이 원하는 새로운 자아의 실현을 통해 자신은 물론 가족들에게 남편으로서, 아버지로서의 즐거운 책임을 다하고 있다.

나를 소중히 할 때
모두가 행복해진다

자신을 소중히 여기는 사람이 삶의 만족도가 높다. 그리고 나아가 자신이 하는 일에 대해 긍지와 자부심이 강하다.

인숙은 52살의 전업주부다. 그녀는 남편과 아이들을 위해 자신을 희생하는 것을 최고의 기쁨이자 행복으로 여겼다. 그래서 옷을 살 때 남편과 아이들 것은 메이커로 샀지만, 자신의 옷은 시장 표만을 고집했다. 먹는 것도 남편과 아이들이 좋아하는 것 위주로 했다. 자신을 위해서는 허투루 돈 쓰는 법이 없었다.

그런데 어느 날 우연히 쇼핑을 하다가 여고 때 라이벌이었던 친구를 만났다.

"저 혹시 최인숙 아니니?"

한 눈에 봐도 부티가 잘잘 흐르는 멋쟁이 여자가 그녀를 빤히 쳐다보고 말했다. 순간 인숙은 그녀가 여고 때 라이벌이었던 친구라는 걸 알았다.

"어. 그래. 너 우경자 맞지?"

"그래. 나 우경자야. 정말 오랜만이다."

그녀는 인숙의 손을 잡고 반갑게 말했다.

"미국에서 산다는 얘기를 들었는데."

인숙도 반가운 얼굴로 말했다.

"응. 지금도 미국에 살아. 보름 전에 한국 왔어. 모레 미국에 가기 전에 선물을 사러 나왔는데 널 만났지 뭐니."

"그랬구나. 우리 저리로 가서 차 마시며 얘기하자."

인숙은 그녀와 카페에서 차를 마시며 이런저런 얘기를 하며 즐거운 시간을 보냈다. 인숙은 그녀와 헤어지고 집으로 와서 골똘히 생각했다. 친구는 미국 LA에서 잘 산다고 했다. 그런데 그녀를 놀라게 한 것은 봉사활동을 활발히 하며 아주 만족하게 여긴다는 사실이다. 그리고 그녀가 전해 준 이야기가 인숙을 스스로 돌아보게 했다. 친구의 지인이 평생 일만하며 살다 잘 살게 된 지금 병으로 그만 세상을 떴다고 했다. 천만 달러가 넘는 재산이 있지만 자신을 위해 먹지도 입지도 못했다는 게 너무 안 됐다는 생각이 들은 것이다.

그런데다 평소 남편이 자신에게 하는 말을 떠 올렸다.

"당신도 좀 꾸미고 살아. 옷도 좀 좋은 것 사 입고, 당신을 위해 쓴다고 해서 우리 집 잘 못 되지 않으니까."

인숙은 자신을 위해 쓰는 돈이 아까워 벌벌 떨곤했다. 그녀는 자신을 위해 살아야겠다는 생각이 들었다. 자신에게도 아무 일 없으라는 보장은 없는 것이니까. 이렇게 생각이 미치자 그녀는 지금과는 달리 살아보기로 마음먹었다. 그녀는 이틀 후 두 벌의 메이커 옷을 사고, 백화점 문화센터에 등록하였다. 그리고 미장원에 가서 머리도 하고 자신을 예쁘게 가꿨다.

"아니, 이게 누구신가? 내 아내 최인숙 씨가 맞소?"

남편은 놀란 얼굴로 웃으며 말했다.

"우리 엄마 맞아? 집을 잘 못 알고 찾아 온 분 아닌가요?"

큰 딸 미애가 요리저리 살피며 깔깔대며 말했다.

그 날 저녁 남편과 두 아이는 놀란 눈으로 인숙을 바라보며 말했다. 너무도 변한 그녀의 모습이 믿기지 않아서였다.

"나도 꾸미지 않아서 그렇지 한 미모 한다오."

인숙은 이렇게 말하며 환하게 웃었다. 그리고 그녀는 문화센터에 등록한 거며 이젠 자신을 위해 살겠다고 선언하였다. 그러자 남편도 두 아이도 박수를 치며 좋아했다.

인숙은 절약이 몸에 맨 전형적인 주부였다. 그렇게 알뜰살뜰 모아 지금은 5층짜리 빌딩도 있고, 아파트도 3채나 된다. 그녀는 자신을 위해 투자하며 그 어느 때 보다도 즐겁게 살고 있다. 그녀가 자신을 소중히 여기자 가족 모두가 더 행복해 한다. 그녀는 무조건 아끼는 것이 행복이 아니라, 자신을 위해 살 때 더 자신감이 넘쳐나고 모두가 만족하게 된다는 걸 알았다.

나를 위해 사는
멋지고 유쾌한 발상

같은 돈을 갖고도 어떤 사람은 세련되고 멋지게 자신을 코디한다. 반면에 어떤 사람은 별로 달라지는 게 없다. 이는 무엇 때문일까. 그것은 자신을 위해 사는 방법을 잘 모르기 때문이다. 다음은 나를 위해 사는 멋지고 유쾌한 발상이다.

나를 위해 사는 멋지고 유쾌한 발상

01. 트렌드를 알아두는 것이 좋다. 그러기 위해서는 잡지나 신문, 인터넷 매체 등을 통해 정보를 입수하여 스크랩하라.
02. 비싸다고 다 좋은 것은 아니다. 저렴한 가격으로도 얼마든지 센스 있게 자신을 가꿀 수 있다. 발품을 팔며 리스트를 작성하라.
03. 문화센터 등에 등록하여 배울 수 있는 것은 다 배워두는 것이 좋다.
04. 한 가지 취미는 반드시 가져라.
05. 자신을 위해 돈 쓰는 것을 가정의 행복을 위해서라고 여겨라.
06. 가끔씩 맛집에 가서 맛을 즐겨라. 그리고 자신이 먹은 것을 가족을 위해 요리해보라.
07. 같은 생각을 가진 사람들과 교류하며 새로운 가치관에 대해

배우는 시간을 가져라.
08. 내가 행복할 때 가족 모두가 행복할 수 있다. 자신을 행복하게 하는 일에 열정을 바쳐라.
09. 영화, 연극, 음악회, 미술전시회, 고궁, 기차여행 등 프로그램을 짜서 매달 한 번씩 번갈아가며 즐겨라.
10. 봉사단체에 가입해 시간이 허락하는 범위 내에서 봉사하라. 삶의 가치를 느끼며 감사하며 사는 삶을 실천하게 될 것이다.

나를 위해 사는 멋지고 유쾌한 발상 10가지 항목에 대해 알아보았다. 모든 것은 자신이 하기 나름이다. 아무리 좋은 것도 실천하지 않으면 그림의 떡과 같다.

"높은 것을 향해서 끊임없이 노력하는 것은 결코 헛되지 않다. 비록 지금은 헛된 장난처럼 보일지도 모른다. 하지만 조금씩 정상을 향해 나아가는 것만은 분명하다. 오늘은 그 정상이 멀어 보이지만, 내일은 좀 더 높은 곳을 향해 다가가기 위한 힘을 기를 수 있다."

이는 프리드리히 니체가 한 말이다. 니체는 높은 것을 향해 끊임없이 노력하라고 권유한다. 이는 무엇을 말하는가. 자신의 행복을 위해 사는 것, 즉 나를 위해 최선을 다하는 것이야 말로 높은 곳을 향해 나아가는 것이다. 생각만하고 실천하지 않는다면 그 어떤 것도 달라지지 않는다. 그래서 자신이 원하는 대로 살지 못한다.

무엇보다 중요한 것은 자신의 의지대로 생각하고 행동하는 것이다. 이것이야 말로 나를 위해 사는 가장 바람직한 방법이다.

TIP_생각의 나무 06

자신을 위해 사는 사람들은 하나 같이 자기 확신이 강하다. 그래서 이들은 어떤 어려운 상황에 맞닥뜨려도 흔들리거나 좌절하지 않는다. 오히려 고난과 시련을 기꺼이 받아들여 긍정적인 에너지로 삼는다. 그리고 열정을 바쳐 노력을 기울인다. 그리고 마침내 자신을 위해 사는 즐거움을 만끽하며 살아간다.

그러나 떠밀리듯 사는 사람들은 되는대로 살아가가려고 한다. 이는 매우 잘못된 생각이다. 왜냐하면 되는대로 살면 되는대로 살뿐 그 이상의 삶은 살지 못한다. 되는대로 사는 것, 이것이 자기를 위해 살기 위한 것을 방해하는 가장 큰 문제인 것이다. 이 문제를 해결하는 가정 좋은 방법이 자아실현이다.

 자아의 실현을 위해 열정을 다하라.

낡은 마인드를 새롭게 리모델링하기

CHAPTER 2

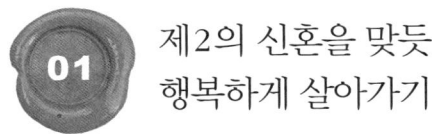# 제2의 신혼을 맞듯 행복하게 살아가기

 나이가 들면 근육도 저하되고 성욕도 감퇴한다. 그러다보니 활동 반경이 젊었을 때보다 축소되고, 부부관계도 감소한다. 이로 인해 서로에게 소원해지기도 한다. 이는 그리 바람직한 일이 아니다. 그래서 생활의 변화와 마음의 재충전이 필요하다.
 사람은 혼자서 생각하는 습관을 가짐으로써 자신에 대해 성찰하는 시간을 갖는 것이 좋다. 왜냐하면 스스로를 들여다봄으로써 이완된 감정을 추스르고, 지친 마음을 살펴 정신건강을 기를 수 있어 일거양득이 되기 때문이다. 그래서 나이를 먹을수록 자기만의 공간이 필요하다. 혼자만의 공간에서는 자기 맘대로 할 수 있다. 책을 보기도 하고, 잠을 자기도 하고, 벗고 있기도 하고, 친구와 전화로 수다를 떨기도 하고, 누구의 간섭도 받지 않는 오직 자신만을 위한 공간이 되어야 한다.
 우리는 너나할 것 없이 너무도 많은 것을 보고, 듣고 산다. 때로는 이런 것들이 정신을 산만하게 만들고, 마음의 안식을 방해함으로써 늘 쫓기듯 살고 불안해한다. 이로 인해 정신분열을 비롯한 정신병

환자들이 날로 증가한다고 한다. 오염된 공기를 신선한 공기로 갈아주듯 묵은 마음을 새로운 마음으로 갈아주어야 한다. 그것만이 복잡한 현대사회에서 조금은 더 건강하게 살아가는 방법이 될 것이다.

종교인들은 혼자만의 시간을 즐긴다. 이는 기도를 통한 성찰을 꾀하기 위해서이다. 기도와 사유는 종교인들만의 전유물이 아니다. 누구나 기도하고 사유할 수 있고 그것을 통해 자신을 좀 더 깊이 성찰함으로써 인생을 보다 여유롭게 살아가기 위해서이다.

혼자만의 공간은 50대들에게 반드시 필요한 자유의 공간이며 사유의 공간이다. 50대는 인생에 있어 가장 복잡한 시기이다. 그러다 보니 갖가지 스트레스로 인해 심신이 매우 피로하다. 이럴 때 지친 마음과 육신을 평안히 함으로써 마음의 여유를 가져야 한다. 그렇게 될 때 제2의 신혼을 맞듯 행복하게 살아가게 된다.

마음을 편히 쉴 수 있는
각자의 공간을 만들어라

마음이 불안정하면 일도 불안정하고, 생활도 불안정하다. 모든 근심은 마음에서 오고, 모든 기쁨 또한 마음으로부터 온다. 이는 마음이 지니는 이율배반적인 것으로써 어떻게 마음을 먹느냐에 따라 결과는 극과 극으로 나타나는 것이다. 그렇다면 문제는 더욱 확실해진다. 마음을 편안히 갖는 자세가 무엇보다 필요하다. 마음이 편해야 일도 삶도 즐겁다.

윤주는 남편과 9살이나 차이가 난다. 9살 연상인 그녀의 남편은 모 화장품회사의 부사장이다. 많은 나이차에도 그들 부부는 누구보다도 행복하게 지냈다. 그러나 윤주가 50대에 접어들면서 문제가 불거지기 시작했다. 그러니까 그녀가 폐경이 있고 나서다. 밝고 쾌활한 성격이 사라지고 작은 일에도 쉽게 짜증을 내고, 불안정한 마음의 변화로 우울증이 심해졌다. 어느 땐 눈물이 날 만큼 허전하고, 또 어느 땐 외로움을 느껴 밖으로 나가 이곳저곳을 떠돌다 들어오곤 했다. 그러다보니 남편과 말다툼을 벌이게 되고, 심하게 싸움을 하고는 몇 날 며칠을 말도 안하고 지냈다. 누구보다도 놀란 건 그녀의 남편이었다. 남편은 아내가 그처럼 변한 게 두려웠다. 그래서 그는 평소에 알고 지내던 정신과 의사에게 조언을 구했다.

그녀의 남편은 아내가 변하기 전과 후를 논리정연하게 말했다. 그의 얘기를 듣고 나서 의사가 말했다.

"여성들에 따라 다소 차이는 있지만 폐경이 있으면 우울증에 사로잡히게 됩니다. 여성으로서의 가치를 상실했다는 상실감 때문이지요. 이럴 땐 너무 가까이도 말고 너무 거리를 두지도 말며 본인이 하고 싶은 대로 하게 두고 지켜보는 것이 좋습니다. 또 혼자만의 공간을 꾸며 자기만이 소유하게 하는 것도 아주 좋은 방법이지요. 그렇게 해서도 별 차이가 없다면 정신과 치료를 받아야 합니다."

그 날 저녁 윤주의 남편은 퇴근 후 아내와 마주 앉았다.

"여보, 당신이 가보고 싶은 데 있으면 말해. 당신이 혼자 여행을 해도 좋고 아니면 친구들과 해도 좋아. 내가 여행경비는 충분히 줄게. 한 일주일동안 당신을 위해 여유로운 시간을 가져 봐. 당신 생각은 어때?"

뜻하지 않은 남편의 말에 그녀는 놀란 얼굴을 하며 말했다.

"정말 그래도 돼?"

"그럼. 당신 혼자 여행한 적 없잖아. 당신이 고마워 휴가를 주고 싶어서 그래. 그러니 즐겁게 다녀와."

남편은 이렇게 말하며 환하게 웃었다. 그녀 또한 기분 좋은 얼굴로 환하게 웃었다. 윤주는 혼자서 여행을 떠났다. 여학교 때 친하게 지냈던 친구들을 만나 즐겁게 지내고 싶어 대전에 사는 친구, 공주에 사는 친구를 비롯해 울산, 진해에 사는 친구들에게 전화를 해 두었다. 그녀가 친구들을 만나 즐거운 시간을 보내는 동안 그녀의 남편을 인테리어업자를 불러 전망이 좋은 2층의 방을 개조하여 그녀만의 공간으로 멋지게 꾸미는 작업에 들어갔다. 그는 비록 복사본이지만 아내가 좋아하는 마티스 정물화로 벽면을 꾸미고, 그녀만의 컴퓨터를 갖춰놓았다. 그리고 홈시어터를 설치하여 음악을 좋아하는 아내가 아무 방해를 받지 않고 음악을 즐기게 했다. 또 작은 침대와 티 테이블과 의자로 한껏 센스 있는 그녀만의 공간을 꾸몄다. 그녀의 남편은 여행에서 돌아와 기뻐할 아내를 생각하며 행복한 미소를 지었다.

드디어 그녀가 여행에서 돌아왔다. 그녀는 놀라울 만큼 표정이 밝아졌다.

"여행이 꽤나 즐거웠나 보군."

"응. 너무너무 좋았어. 친구들이 당신보고 멋진 남편이라고 하던데."

그녀가 함박웃음을 지며 말했다.

"그래? 그거 듣던 중 반가운 소린데."

남편은 이렇게 말하며 큰 소리로 웃었다. 그를 보고 그녀도 소리 내어 웃었다.

"여보, 내가 당신에게 줄 선물이 있어."

"여행만으로도 좋은 선물인데 또 무슨 선물이래?"

남편의 말에 그녀가 고개를 갸웃거리며 말했다.

"자, 나하고 같이 2층으로 갈까?"

남편은 이렇게 말하며 그녀의 손을 잡고 2층으로 올라갔다. 남편은 그녀보고 눈을 감으라고 했다. 그리고 하나, 둘, 셋 하면 눈을 뜨라고 했다. 남편은 문을 열고 하나, 둘, 셋을 세고는 눈을 뜨라고 했다. 그녀가 눈을 뜨는 순간 눈앞에 펼쳐진 광경에 그녀의 눈이 반짝이며 섬광을 일으켰다.

"이, 이게 다 뭐야?"

"내가 당신을 위해 준비한 선물이지."

"나를 위해 이처럼 멋진 선물을 해주다니. 여보, 고마워."

윤주는 이렇게 말하며 눈물을 지었다.

"고맙긴. 날 위해 힘껏 뒷바라지 해준 당신이 고맙지. 여보, 늦었지만 이 공간은 당신만을 위한 거야. 그러니까 이 공간에서는 누구의 간섭도 받지 말고 당신이 하고 싶은 대로 해."

남편은 이렇게 말하며 그녀를 꼭 안아주었다.

그녀 또한 남편이 좋아하는 등산을 맘 놓고 하도록 배려하며 남편만의 시간을 만들어주었다. 그 일이 있고 윤주는 남편의 속 깊은 사랑 속에서 그 어느 때보다도 행복한 시간을 보내고 있다. 그녀 남편

또한 마찬가지다. 윤주부부는 지금 제2의 신혼을 즐기듯 즐겁게 지내고 있다.

필자는 이들 부부얘기를 듣고 직접 방문하여 그녀의 방을 본 적이 있다. 정말이지 그 어떤 아내도 좋아할 멋스러운 공간이었으며, 아내를 향한 남편의 지극한 사랑을 느낄 수 있었다. 그날 그들 부부와 식사를 하며 나 또한 유쾌한 시간을 가질 수 있어 참 행복했다.

**상대에게 지는 것이
상대를 위하는 일이다**

부부사이가 악화되는 여러 가지 이유 중 하나가 상대에게 양보하지 않고 끝까지 이기려고 하는 것이다. 부부사이에 이겨봐야 남는 거라고는 미움과 갈등밖에 없다. 그런데 나이가 들어도 이놈의 못된 습성은 좀처럼 없어지질 않는다. 이 습성을 버리기 위해서는 상대편 입장에서 생각하고 이해하는 노력이 있어야 한다. 다음은 이 못된 습성을 고치고 끈끈한 사랑으로 제2의 신혼을 보내며 즐겁게 사는 이야기이다.

상석은 3대 독자이다. 그러다 보니 어릴 때부터 바람이 불면 날아갈세라 손바닥에 올려놓고 키웠다. 대개의 외아들이 그렇듯 상석은 무엇이든 자신만 알았다. 상대방의 입장에서 생각할 줄을 몰랐다.
"습관은 제2의 천성이다"라고 영국의 시인 키이츠가 말한 것처럼 그의 나쁜 버릇은 결혼을 해서도 여전히 마찬가지였다. 그는 자신이 잘못을 하고도 아내의 탓으로 돌렸다. 양보하고 져주는 법이 없었다. 그의 아내는 남편의 지나친 이기심으로 언제나 가슴앓이를 했다. 시어머니를 모시고 사니 대놓고 뭐라고 할 수도 없었고, 그냥 꾹꾹 눌러 참을 수밖에 없었다. 30대가 지나고 40대가 되자 자기만 아는 마음이 조금 나아졌다. 그의 아내는 그것만 해도 감지덕지했다. 그러나 자신의 잘못을 아내에게 떠넘기는 것은 여전했다. 시어머니가 돌아가시고 나자 그의 아내는 상석의 못된 습관을 고쳐야겠다고 다짐을 하였다. 그런데 이 사실을 모르는 상석은 자신의 잘못으로 생긴 일을 역시 아내의 탓으로 돌렸다. 이에 단단히 화가 난 그의 아내가 눈에 불을 켜고 그에게 한마디도 지지 않고 당당하게 맞섰다. 당황한 상석은 어쩔 줄을 몰랐다. 그러나 순순히 물러설 그가 아니었다. 그의 아내는 다음 날 아침부터 밥도 안하고, 그의 옷도 세탁하지 않았다. 일주일이 지나자 상석은 그제야 상황판단을 하고는 아내에게 백기를 들고 말았다.

20년 이상을 자신에게 당하고만 산 아내의 고통을 진정으로 이해하고 자신의 이기적인 행동에 대해 용서를 빌었다. 그의 아내는 남편의 사과를 받아주었다. 그 후 상석은 아내의 말이라면 무조건 OK이다. 그것이 아내에 대한 도리라고 생각한다. 상석의 아내는 50대에 들어서야 자신이 원하는 대로 즐겁게 살고 있다.

남편은 아내에게, 아내는 남편에게 이기려고 하지 마라. 상대에게 지는 것이 상대를 위하는 일이다.

50대를 사는 당신은 어떤 모습인지를 진지하게 생각해보라. 그래서 양보하고 지는 쪽이라면 당신은 슬기롭게 살고 있는 것이다. 그러나 이기려고 하는 쪽이라면 당신은 문제가 많은 사람이다. 지금 당장 그 못된 습성을 쓰레기통에 던져버려라. 그것이 서로를 위해 행복하게 사는 비결이다.

**나이가 들수록 서로에게
따뜻한 배려가 필요하다**

요즘 결혼한 지 20년이 넘은 부부들의 이혼이 급증한다고 한다. 뿐만 아니라 60이상 된 부부들 사이에 황혼이혼이 대세라고 한다. 이혼을 요구하는 쪽은 남자보다도 여자가 배 이상이 넘는다고 한다. 과거에는 상상도 하지 못할 일들이 빈번하게 일어나고 있는 이 현실을 어떻게 봐야 할까.

그 이유는 과거엔 아내들이 남편의 부당한 처사에도 무조건 참고 지낸 것에 대해, 지금은 아내가 인내심을 발휘하기에는 한계가 있다는 것이다. 과거엔 사회적으로 용납되지 않은 분위기였으나 지금은 여자들의 적극적인 사회참여로 사회에 미치는 영향이 날로 증가하고 있다. 이런 사회적 분위기와 여자들의 교육수준의 향상, 여자들의 능력이 남자들을 능가하는 추세이고 보니 여자 위에 남자가 아니라 남자 위에 여자로 점점 변화하고 있다. 그런데 이런 상황을 판단하지 못하고 서푼짜리도 안 되는 남자들의 권위를 내세우려고 하니 어떤 여자가 그 꼴을 봐준단 말인가.

사회가 변하고 남자와 여자 간에 수직적구조가 수평적구조로 변화하고 있는 것이다. 이른바 신모계중심사회로 진화 중에 있는 게 현대사회의 가장 큰 변화 중의 하나이다. 이럴 때일수록 상대에 대한 배려가 필요하다. 그것이 상대를 인정하는 가장 바직한 자세이다.

부부사이를 돈독히 하는 10가지

01. 속으로만 하는 사랑은 사랑이 아니다. 상대방이 사랑받는다고 느낄 수 있도록 하루에도 몇 번이고 사랑표현을 하라.
02. 생일은 가장 중요한 부부의 축제로 여기고, 상대방의 생일을 맘껏 자축하라.
03. 나만 생각하는 것은 사랑이 아니다. 그것은 오만이며 이기심이다. 상대방을 따뜻하게 배려하라.
04. 남편은 처갓집에 대해, 아내는 시댁에 대해 좋은 말만 하라. 그것이 행복한 부부생활을 위한 첩경이다.
05. 부부간의 대화는 두 사람의 정을 돈독케 해주는 사랑의 윤활유이다. 아무리 바빠도 하루에 단, 30분만이라도 서로를 위해 투자하라.
06. 같은 취미, 같은 운동을 부부가 함께 해보라. 뜻하지 않는 행복이 그 속에서 기다리고 있을 것이다.
07. 서로를 칭찬하되 맘껏 칭찬하라. 사랑하는 아내가 또는 남편이 벅차오르는 행복감에 취할 수 있도록 칭찬하고 또 칭찬하라.
08. 당신의 아내를 당신의 남편을 남과 비교하지 마라. 비교 당하는 사람은 인격을 무시당하는 기분이 들어 당신 곁을 영영 떠나갈지도 모른다.
09. 가끔은 둘만의 여행을 떠나라. 낯선 곳에서 둘만의 시간을 갖

다보면 새로운 분위기에 젖어 끈끈한 애정을 키울 수 있다.
10. 상대방이 싫어하는 일은 하지 마라. 부부싸움의 가장 큰 원인은 상대방이 싫어하는 것을 함으로써 상대가 무시당했다는 생각을 갖게 하기 때문이다.

부부사이를 돈독히 하는 10가지 방법을 꾸준히 실천한다면 습관이 되고, 그로인해 상대를 생각하는 마음이 깊어질 것이다. 사람은 누구나 자신에게 관심을 갖고 노력할 때 감동한다. 아내에게 감동을 주는 남편, 남편에게 감동을 주는 아내가 되라. 그것이야말로 남은 인생을 즐겁고 행복하게 보내는 첩경인 것이다.

TIP_생각의 나무 01

여자와 남자는 나이를 먹어도 역시 여자와 남자일 뿐이다. 즉, 여자는 여자만의 세계가 있고 남자는 남자만의 세계가 있다. 이런 여자와 남자가 만나 부부로 살아가는 게 인생이다.
그런데 서로의 생각차이로 인해 행복해야 할 결혼생활이 불행으로 치달아 남남이 되는 경우가 흔한 시대에 우리는 살고 있다. 이혼율의 증가 현상은 젊은 부부만이 아니라, 결혼 생활한 지 20년 이상 된 부부에게도 흔한 일이다. 그리고 나아가 황혼 이혼이라는 신조어가 생길만큼 노부부의 이혼도 급증하고 있다.
이런 사회적인 병리현상을 막기 위해서는 상대를 배려하고, 상대를 존중하는 풍토가 조성되어야 한다. 또한 경제적으로 안정되어야 하고, 자아를 실현하는 장이 마련되어야 한다. 그렇게 될 때 부부 간의 갈등을 줄이고, 제2의 신혼을 맞듯 행복하게 살아가게 될 것이다.

 ## 취미생활은 활기 넘치는 에너지를 공급한다

 취미생활은 자아를 실현하는데 있어 아주 그만이다. 취미생활을 하다보면 자신이 좋아하는 일에 몰입하게 됨으로써 새로운 자아를 발견하게 된다. 그리고 그를 통해 자신의 능력을 발휘하는 기회를 가짐으로써 생각지도 못한 일에서 큰 행복을 얻게 된다.
 그런데 젊은 시절 취미생활을 즐기던 이들도 나이가 들어감에 따라 점점 더 취미생활과 멀어진다. 그 이유는 나이를 먹음과 더불어 승진을 하다 보니, 또는 일의 영역이 확대되다 보니 시간이 없어 못하게 되는 경우가 많다. 또 나이를 먹음에 따라 신진대사가 떨어지다 보니 게을러지게 된다.
 앞에서 제시한 두 가지가 취미생활과 거리가 멀어지게 되는 가장 큰 이유이다. 충분히 이해가 되는 얘기이다. 하지만 나이가 들수록 생각을 바꿔야 한다. 특히 노년으로 접어드는 출발점의 시기인 50대엔 더더욱 취미생활을 즐길 필요가 있다. 이때 심신을 잘 단련시켜 놓으면 60대, 70대는 물론 그 이상의 연령 때에도 심신을 건강하게 보존할 수 있다고 한다.

실제로 70대 노인 중엔 젊은이들보다도 몸이 더 좋은 이들이 있다. 이들은 보디빌딩을 취미로 즐기며 꾸준히 몸을 관리해 왔기 때문이다.

"보디빌딩을 하기 전에는 건강이 안 좋았어요. 그런데 주변의 권유로 하다 보니 취미가 되었고, 지난번 대회 때 노년층 분야에 첫 출전하여 입상을 했습니다. 보디빌딩은 나에게 새로운 인생을 찾아 준 소중한 선물입니다."

언젠가 텔레비전에 출연한 70대 노인이 한 말이다. 그 할아버지는 취미가 발전하여 선수, 즉 프로가 된 것이다. 취미생활은 그것만으로도 활기 넘치는 에너지이다. 자신에게 잘 맞는 것을 취미로 삼아 열심히 한다면 뜻밖에도 좋은 기회를 맞게 될 것이다.

**자아의 실현을 통해
새로운 꿈을 발견하다**

서두에 잠시 언급했듯이 취미생활은 새로운 자아를 실현하는 데 있어 좋은 기회를 제공해준다. 물론 단순한 취미생활만으로도 충분히 가치 있는 일이다. 그러나 조금만 더 집중한다면 지금까지와는 전혀 다른 또 다른 자신의 모습을 발견하는 기쁨을 누릴 수 있다.

그런데 많은 사람들이 이렇게 말하는 것을 볼 수 있다.

"취미는 무슨. 그것은 돈 있는 사람들이나 하는 뱃속 편한 일이지."

"지금도 이대로 살았는데 무슨 낙을 보겠다고. 그냥 사는 대로 살다가지 뭐."

이는 비생산적이고 비능률적인 이야기가 아닐 수 없다. 취미는 꼭 돈이 많아야 할 수 있는 것은 아니다. 최소한의 비용으로도 할 수 있고, 돈을 들이지 않고도 충분히 할 수 있다. 물론 어떤 취미생활을 하느냐에 따라 다르지만.

그리고 이대로 사는 대로 살다간다는 말처럼 스스로에게 무책임하고 부끄러운 일은 없다. 왜 자신을 그처럼 초라하고 보잘것없는 존재로 인식하려고 하는가. 그것은 자신을 철저하게 무시하는 행위이다.

사람은 나이를 먹어도 얼마든지 자신을 새롭게 변화시키며 새로운 인생으로 거듭날 수 있다.

"우리는 성장할 뿐 늙지 않는다. 그러나 성장을 멈춘다면 비로소 늙게 된다."

이는 미국의 시인이자 사상가인 랠프 왈도 에머슨이 한 말이다. 에머슨의 말에서 보듯 취미는 새로운 성장을 위한 수단인 것이다. 그런데도 자신에게 무책임하게 말할 수 있겠는가. 나이가 들어도 노력하는 사람이 멋지고 아름다운 것은 새로운 성장을 꾀하는 열정 때문이다.

정숙은 자신이 쉰 살이 되었다는 게 도무지 실감이 나지 않았다. 자신은 영원히 청춘으로 살 줄 알았다. 40대만 해도 이런 감정을 느끼지 못했는데 50대에 접어들고 보니 웬 낯선 여자가 자신을 보고 있다는 느낌이 들었다. 그런데 그녀는 바로 내면속의 그녀 자신이라는 사실에 지독한 비애에 빠져들었다. 밖에 나가는 것도, 수다를 떠는 것도, 쇼핑을 하는 것도 다 무의미해보였다. 자신의 의지와 상관없이 나이를 먹는다는 것은 참 슬픈 일이라고 느낀 것이다.

그녀는 남편에게 아침밥을 지어주는 것도, 대학생 아들과 입시생 딸을 뒷바라지 하는 것도 다 자신하고는 상관없는 일이라고 여겼다. 남편은 남편대로 아이들은 아이들대로 달라진 그녀의 모습에 의아해 했다. 누구 하나 그녀를 이해해 주려고 하지 않았다. 그녀는 별일도 아닌 일에 신경질을 부리고, 아이들을 야단쳤다. 그러자 집안 분위기가 냉랭해졌다.

그러던 어느 날 대학교 때 친구인 Y가 찾아왔다. 정숙은 자신의 심정을 토로하며 그동안 답답했던 마음을 털어놓았다. 성격이 쾌활해 언제나 명랑 유쾌한 Y는 웃으며 말했다.

"집에만 있으면 병나. 다음 주부터 나와 같이 도서관에서 하는 문예창작 강의를 듣자."

"내가 어떻게 해. 그건 고상한 사람들이나 하는 거지."

Y의 말에 정숙은 정색을 하며 말했다.

"넌 책도 좋아하고 학창시절에 백일장에서 상도 타고 그랬잖아. 나도 재밌는데 너는 더 하지. 안 해서 그렇지. 다음 주 화요일 9시 반에 데리러올게. 준비하고 기다려."

Y는 이렇게 말하며 신나게 수다를 떨다 갔다.

정숙은 화요일이 되자 곱게 차려입고 Y를 기다렸다. 잠시 후 Y가 차를 몰고 나타났다. 정숙은 Y와 함께 강의에 참석하였다. 수강생들 중엔 60대들도 서너 명이 되었고, 가장 나이가 많은 이는 영어교사 출신의 72세 된 할아버지였다. 30대도 더러 있었고 40대와 50대가 가장 많았다. 첫날 수업을 듣고 정숙의 생각은 완전히 바뀌었다. 생동감 넘치는 사람들과 재미있는 시와 수필을 접하다 보니 그동안 마음속에 웅크리고 있던 응어리가 풀리는 느낌을 강하게 받았다.

그녀는 2년 동안 한 번도 결강 없이 수업에 참여하였다. 그동안 그녀는 백일장을 비롯해 작품공모에 참가하여 네 번이나 상을 받았다. 그리고 그녀는 문학회 회원으로 활동하며 시인의 꿈을 안고 있다. 또한 그녀는 논술강사가 되어 복지관에서 아이들을 가르치며 즐겁게 지내고 있다.

그녀는 친구 Y의 권유로 취미처럼 시작한 공부를 통해 새로운 자아를 실현함은 물론 시인이란 새로운 꿈에 부풀어 있다. 나이는 숫자에 불과한 것일 뿐 새로운 자아를 실현하는 데는 하등 문제가 되지 않는다. 문제는 자신이 무엇을 하겠다는 의지이다. 그 의지만 있다면 누구나 새로운 자신으로 거듭날 수 있다.

취미로 시작하여 제2의 인생을 살다

취미로 시작한 사람들 중엔 새로운 인생으로 사는 사람들이 있다. 그동안 모르고 있었던 자신의 재능을 새롭게 발견하고 전력을 다한 끝에 이뤄낸 결실이다. 또 재능은 있어도 최선을 다하지 못한 사람이 뒤늦게 전력을 투구한 끝에 새로운 인생으로 거듭난 이들이 있다.

충청북도 어느 군청소재지의 한 평범한 주부가 끊임없이 자신을 계발한 끝에 '제31회 대한민국 미술대전' 문인화 부문에서 특선을 했다. 그녀는 소나무를 소재로 한 서예를 출품하여 큰 기쁨을 맞았다.

그녀는 1995년부터 취미로 서예를 시작해서 지금껏 자신을 갈고 닦아왔다. 그녀는 꿈이 있어 언제나 행복한 마음으로 글씨 쓰는 것을 즐겼다. 마음이 즐거우니 매사가 즐겁고 행복했다. 그녀는 열심히 글씨를 쓰며 실력을 기른 끝에 각종 대회에서 크고 작은 상을 여러 차례 수상하며 더 큰 목표를 향해 매진하였다. 노력은 좋은 결과를 결코 외면하지 않는다.

2012년 대한민국 미술대전에서 특선이라는 큰 상을 받으며 당당하게 서예가가 되었다. 그녀의 이름은 여운숙이다. 그녀 나이 55세에 이룬 결실이고 보니 새삼 자신이 고마웠다. 그녀는 서예가로서 개인전시회의 꿈을 갖고 있다. 그녀는 머잖아 멋진 개인전시회를 통해 자신의 또 다른 꿈을 활짝 열게 될 것이다.

괴테는 말했다.
"꿈꿔라, 꿈꿀 수 있는 것은 무엇이든 이룰 수 있다."
그렇다. 꿈꿀 수 있는 것은 무엇이든 이룰 수 있다. 역사는 수많은 사람들을 통해 이를 증명해주질 않았는가. 다만 그렇게 하지 못하는 것은 그렇게 하지 않았기 때문이다.

당신의 50대는 어떠한가. 당신은 지금 무슨 꿈을 꾸고 있는가. 당신도 충분히 꿈을 이룰 수 있다. 지금 당장 당신이 좋아하는 것이 무엇이며, 아무리 해도 신나는 게 무엇인지 또 어떤 취미생활을 즐기는 지를 생각해보라. 그리고 마음을 굳게 먹고 새로운 마음자세로 지금과는 다르게 시작해보라. 스스로 자신의 가치를 창조하는 당신이 돼라.

자신의 새로운 가치는 자신이 만드는 것이다

필자는 40대들을 위한 강연을 통해 자신의 가치는 자신이 만드는 것임을 누누이 강조하고 있다. 그런데 많은 40대들은 이 말의 의미에 대해 수긍을 하면서도 실천하는 데는 아주 미숙하다. 아무리 가슴 속에 뜨거운 열정을 품고 있다고 하더라도 실천하지 않으면 아무것도 손에 잡을 수 없다.

크던 작던 어떤 결과를 얻기 위해서는 반드시 실행을 통해서만 가능하다. 이에 대해 세일즈맨의 원조로 불리는 미국의 기업인 W. 클레멘트 스톤은 이렇게 말했다.

"시도하고 또 시도하는 자만이 성공을 이루어내고 그것을 유지한다. 시도한다고 잃을 것은 없으며, 성공하면 커다란 수확을 얻게 된다. 그러니 일단 시도해보라. 망설이지 말고 지금 당장 해보라."

W. 클레멘트 스톤의 말처럼 시도해야만 자신이 원하는 것을 얻게 된다. 그러면 새로운 자신을 위해 해야 할 일에 대해 알아보자.

자신의 가치를 새롭게 창조하는 법

01. 자신이 새롭게 추구하는 것을 계획하고 지금과는 다른 자세로 전력을 투구하라. 같은 시간도 젊었을 때 보다 2배, 3배로 써라.
02. 자신을 대신해서 새로운 가치를 찾아주지 않는다. 자신의 가치는 반드시 자신의 손으로 이루어야 한다.
03. 자신이 추구하는 분야에 대해 공부하라. 공부를 통해 늘 마음을 굳건히 하라.

04. 같은 뜻을 가진 이들과의 교류를 통해 정보를 수집하고 새로운 것이 있으면 자신의 것으로 만들어라.

05. 돈을 목적으로 하지 말고, 자신의 자아를 실현하는 자세로 임하라. 그리하면 목적을 이룸으로써 자신의 가치를 고취시키게 된다.

06. 생물학적 나이는 잊어야 한다. 꿈의 나이, 이상의 나이를 생각하라. 보다 더 젊게, 보다 더 유쾌한 상상을 하라.

07. 현실에서나 꿈에서도 언제나 긍정적으로 생각하고 능동적으로 시도하라.

08. 체면을 버려라. 과거의 자리에 연연해 하지마라. 왕년에 잘 나가던 때를 잊어라. 그것은 걸림돌만 될 뿐이다.

09. 오늘 하루를 즐겁게 시작하라. 마음이 즐거우면 기대 이상의 능력을 발휘하게 된다. 하루를 즐겁게 시작하는 습관을 들여라.

10. 새로운 가치는 새로운 마음에서 출발한다. 언제나 처음 시작하듯 설레는 마음으로 실행하라.

나이가 들수록 자신을 새롭게 살피는 노력이 필요하다. 그렇지 않으면 좀 더 의미 있게 보낼 수 있는 기회를 놓쳐버린다. 하루가 다르게 평균수명은 점점 길어지고 있는 추세다. 남은 인생을 가치 있게 보내는 당신이 되라. 그것이 당신의 인생에 대한 예의이다.

TIP_생각의 나무 02

나이가 들수록 자신이 좋아하는 것에 집중하는 것이 정신건강에 좋다. 정신건강이 좋은 사람이 육신의 건강도 좋은 편이다. 정신과 마음은 서로 상호 의존적인 관계에 놓여있기 때문이다.

자신이 좋아하는 것에 몰입하기 좋은 것은 취미활동을 하는 것이다. 등산을 한다든지, 노래를 한다든지, 축구를 한다든지, 수영을 한다든지, 글쓰기를 한다든지, 독서활동을 한다든지 자신이 가장 흥미를 느끼는 것을 취미활동으로 하면 된다.

특히, 비슷한 취미나 취향을 가진 사람들끼리와의 어울림은 여러 측면에서 긍정적이다. 이제껏 몰랐던 것들에 대해 상대를 통해 배울 수 있고, 협력함으로써 혼자서는 할 수 없었던 것들을 통해 새로운 삶의 가치관을 기를 수 있다.

나이가 들면 나이에 맞는 새로운 자신의 가치를 새롭게 발견하는 것이 좋다. 왜냐하면 앞으로의 자신의 삶을 보다 긍정적이고 희망적으로 살아가는 데 큰 도움이 되기 때문이다.

생물학적 나이는 잊어라. 영혼의 푸른 안테나를 높이 세우고, 언제나 청춘의 마음으로 자신이 가치를 새롭게 창조하라.

 인생을 거듭나게 하는
한 가지 종교는 꼭 가져라

종교가 사람에게 미치는 영향은 실로 막대하다. 신앙심이 두터운 사람은 어떤 환경 속에서도 희망을 버리지 않는다. 자신이 섬기는 위대한 신이 자신을 지켜 주리라 확신한다. 자신이 굳게 믿고 의지하는 종교는 희망의 근원이며, 삶의 기쁨인 까닭이다.

종교를 가진 사람과 비종교인의 가장 큰 차이는 위급한 상황에서 현격하게 나타난다. 앞에서도 말했듯이 신앙심이 두터운 사람은 위기를 자신이 잘 되기 위한 하나의 시련의 과정이라고 생각한다. 그래서 아무리 힘들고 고통이 따라도 이를 악물고 묵묵히 어려움을 헤쳐 나간다.

그러나 비종교인은 좌절하고 절망하며 깊은 고통에 사로잡혀 세상을 원망하고, 상대를 미워하며 자신의 능력을 소모시킨다. 이처럼 종교인과 비종교인의 마음의 차이는 크다.

그리고 종교인은 자신의 잘못이나 그릇된 행동에 대해 기도를 통해 반성하고 마음을 세심洗心하는 데 열중한다. 그것이 비록 형식적이라고 해도 안하는 것보다는 훨씬 낫다. 자신에 대해 자각함으로써 조금이라도 돌아보고 살펴보는 시간을 갖기 때문이다. 하지만 비종교인은 자신의 잘못에 대해 덮어두려고만 한다. 이런 마인드는 지극히 비생산적이어서 자신을 그릇된 상황에 빠져들게 한다.

성녀라고 일컬음을 받는 마더 테레사 수녀는 이렇게 말했다.

"고통을 받아들이고 그것을 하느님께 드린다면 기쁨을 누리게 될 것입니다. 고통은 위대한 은총입니다. 그것을 기꺼이 받아들이고 깊이 사랑하는 사람, 스스로를 내어 주는 사람은 그 가치를 압니다."

마더 테레사의 말은 무한한 긍정으로 가득 차 있음을 알 수 있다. 그 어떤 고통도 위대한 은총으로 받아들이는 이 놀라운 믿음이야말로 우리가 배워야 할 자세이다. 마더 테레사가 평생을 사랑과 헌신, 희생과 봉사를 하며 지낼 수 있었던 것은 바로 고통을 위대한 은총으로 받아들인 숭고한 믿음이 함께 했기 때문이다.

**종교는 흔들리는 마음을
잡아주는 희망의 끈**

종교는 고통과 절망 중에서도 희망을 꿈꾸게 한다. 종교는 사람들에게 긍정을 선물하고 역동적으로 작용하는 메시지를 담고 있기 때문이다. 그래서 많은 사람들이 종교를 가짐으로써 시련과 고통의 시간을 이겨내고, 희망과 꿈을 향해 달려간다.

과학자들은 인간이 불안함을 없애는 목적으로 종교를 만든 것이라고 주장한다. 그러나 이는 잘못 알고 있는 것이다. 종교는 과학과 상식으로는 증명할 수 없는 초월적인 힘을 갖고 있다. 그 힘은 하도 놀라워 '기적'이라고 부르는 일들을 통해 증명되고 있다. 단, 여기서 분명히 해야 할 게 있다. 기적은 아무에게나 일어나지 않는다는 것이다. 신앙심이 두텁고 돈독한 사람에게서 일어난다. 삶은 오늘과 내일을 예측할 수 없다. 어제의 고통이 오늘은 희망이 되고, 어제의 번영이 오늘은 초라함으로 변할 수 있는 게 인간의 삶이다. 그러기 때문에 종교는 반드시 필요하다고 하겠다.

특히, 나이가 들수록 더더욱 종교는 필요하다고 생각한다. 혼자 사는 1인 가구 수가 점점 늘어나는 추세이다. 혈연으로 맺어진 가족구성원의 끈끈한 관계도 시대의 흐름에 따라 점점 약화되고 있다. 개개인의 삶을 중요시 하다 보니 이런 현상은 가면 갈수록 점점 심화될 것이다. 그런데 종교가 있다면 외로움과 고독감, 삶에 대한 비애감을 극복하는 데 큰 도움이 된다. 그래서 노년기로 접어드는 50대에는 이점에 대해 유념해야 할 것이다.

다음은 시련과 고통을 종교에 의지해 희망으로 바꾼 아름다운 이야기이다.

강인영은 마흔 아홉까지는 자상한 남편과 착한 두 아이와 행복하게 살았다. 사업을 하는 남편과 대학에 다니는 연년생 남매는 그녀에게 더 없이 소중한 가족이었다. 그녀의 가족은 틈만 나면 가족여행을 다니며 즐거운 시간을 보냈다. 산다는 것이 지금만 같으면 더 이상 바랄 것이 없었다. 그 이상을 바란다는 것은 탐욕이라고 여길 정도로 그녀는 현재의 삶에 만족했다.

그런데 인생이란 항상 변수가 따르는 법, 잘 운영되던 회사가 그만 부도가 나고 말았다. 무리를 해서 시설을 늘렸는데, 경제적인 악화로 그만 하루아침에 거리로 나앉게 된 것이다. 남편은 심한 충격으로 차를 몰고 가다 사고로 죽고 말았다. 흥진비래興盡悲來라는 말처럼 행복과 즐거움 뒤에 온 슬픔은 그녀와 남매에게 지울 수 없는 깊은 슬픔을 남겼다. 하루하루가 죽음의 골짜기를 걷듯 눈물이 앞을 가렸다. 친지들과 친구들의 따뜻한 위로도 그녀의 지독한 비애를 달래줄 수 없었다.

그러던 어느 날 이웃에 사는 할머니가 찾아왔다. 할머니는 그녀의 남편을 위해 기도하고, 그녀를 위해 눈물을 흘리며 기도했다. 할머니의 간절한 기도는 그녀의 가슴에 뭉쳐있는 슬픔을 위로해주었다. 그녀는 낯선 할머니의 기도에 크게 감동하여 그만 엉엉 울고 말았다.

"그래요, 가슴 속에 쌓인 슬픔과 아픔을 다 비워내듯 맘껏 울어요. 울고 나면 속이 후련해질 거예요."

할머니는 이렇게 말하며 그녀의 손을 꼭 잡았다. 인영은 돌아가신 친정어머니를 만난 듯 가슴이 따뜻해졌다. 그녀는 어머니 품에 안긴 듯 실컷 울었다.

할머니는 그녀에게 성경책을 주고 마음이 답답할 때 읽어 보라고 했다. 할머니는 한 달이 넘도록 하루도 빠지지 않고 그녀를 위해 기도해 주었다. 남의 일을 내일처럼 아파하는 할머니의 정성에 그녀는 용기를 얻을 수 있었다.

인영은 성경을 읽으며 많은 생각을 했다. 자신을 위로해 주고 희망을 주는 성경구절이 참 좋았다. 인영은 할머니를 친정어머니처럼 의지하며 할머니를 따라 교회에 다니게 되었다. 그녀는 열심히 기도하며 남매와 행복하게 사는 것이 먼저 간 남편에게 주는 선물이라고 생각했다. 그로부터 3년이란 세월이 흘러 그녀 나이 52세, 지금은 화장품 대리점을 운영하며 남매와 행복하게 살고 있다.

인영은 지금도 3년 전의 막막했던 때를 생각하면 눈물이 앞선다. 자신을 절망에서 건져 준 할머니를 지금은 어머니로 부르며 극진히 모신다.

"어머니, 오늘 저녁에 어머니 좋아하시는 메밀국수 해드릴 테니 7시에 오세요."

인영은 할머니에게 전화를 하며 행복한 미소를 지었다.

**종교는 새로운 나로
거듭나게 하는 위대한 힘**

세계에서 가장 탁월한 민족으로 인정받는 유대인. 그들이 어떻게 세계 최고의 민족이 될 수 있었을까. 그것은 유일신이신 하나님을 믿는 믿음에 의해서다. 유대인들은 자신들을 선민選民이라고 믿는다. 즉, 하나님으로부터 선택받은 유일한 민족이라는 의미이다. 이 선민의식이 유대인들에게 강한 민족성을 갖게 했고, 나아가 강인한 민족으로 거듭나게 했던 것이다.

물론 유대인들의 선민사상에 대해 거부하는 이들이 많다. 그것은 지나친 오만이며 착각이라는 것이다. 그래서 유대인들은 구약시대부터 타민족으로부터 수많은 공격을 당하며 시련의 삶을 걸어왔다. 그리고 예수그리스도가 하나님께 돌아간 이후 유대인은 이천 년 동안이나 세계 각지로 흩어져 유랑하며 온갖 위협과 핍박을 받으며 살아왔다. 그러나 그럼에도 그들은 결코 죽지 않았다. 오히려 더욱 강하게 일어났다.

오늘날 유대인들은 정치, 경제, 금융, 예술, 문학, 과학, 의학 등 모든 분야에서 최고의 자리에 올랐다. 노벨상만 해도 노벨상이 생긴 이래 백 년 동안 6개부분에서 수상자가 약 30%나 된다. 참 놀라운 일이 아닐 수 없다.

유대인들이 믿는 유대교는 유대인들을 거듭나게 함으로써 그들을 세계 최고의 민족이 되게 했던 것이다.

종교는 초월적인 힘을 가지고 있다. 살아가면서 시련과 역경이 따를 때 종교는 큰 위로와 힘이 된다. 그것만으로도 종교는 충분한 가치를 지녔다고 하겠다.

황범식은 마흔 중반까지는 연신 감옥을 내 집처럼 들락거렸다. 20대에는 절도와 폭력으로, 결혼을 한 이후에는 도박과 사기로 교도소의 문턱을 벗어나지 못했다.

그의 아내는 희망이 보이지 않자 하나밖에 없는 아들을 남겨둔 체 종적을 감추고 말았다. 그런데도 범식은 정신을 차리지 못하고 언제나 같은 모습으로 늙은 어머니의 가슴에 못질을 해댔다. 그의 어머니는 손자를 거두며 밤낮으로 기도하였다. 주름지고 움푹 팬 눈에서는 뜨거운 눈물이 마르지 않았다. 자신이 잘못 가르쳐 평생을 뒤틀린 삶을 사는 것 같아 아들이 미우면서도 가여웠다.

"신은 어디에나 있을 수 없어 어머니를 만드셨다."

이는 실러가 한 말인데, 그의 말대로 범식의 어머니의 모정은 각별했다. 어머니는 언제나 그를 위해 눈물을 뿌리며 기도했다. 그러던 어느 날이었다. 목이 말라 새벽에 잠에서 깨어난 범식은 자신을 위해 기도하는 어머니를 보게 되었다. 어머니는 눈물을 흘리며 모든 것이 자신이 죄가 많아 그런 것이니 아들을 용서하고 선한마음으로 남은 인생을 사람답게 살게 해달라고 기도하였다. 순간 그는 콧등이 시큰 거리며 눈물이 나오려는 것을 이를 악물고 참았다. 그는 방으로 들어와 소리 없이 울었다. 평생을 자신 때문에 마음 조였을 어머니를 생각하니 가슴이 찢어지는 듯이 아팠다. 그는 자신이 생각해도 이상한 일이었다. 자신에게 그런 감정이 생기다니. 그는 자신의 가슴이 따뜻해지는 걸 느낄 수 있었다.

  다음 날부터 그는 달라지기 시작했다. 늦은 나이에 낳아 고등학교에 다니는 아들의 가방에 난생처음 편지를 써서 용돈과 같이 넣어주었다. 학교에서 그것을 보게 된 아들은 그동안 잘해주지 못해 미안하다는 아빠의 편지에 난생 처음 아빠의 따뜻한 정을 느꼈다. 그리고 이제부터 행복하게 살자는 편지구절에서는 큰 기대감을 가졌다.

  범식은 자신의 말대로 실천하기 위해 노력했다. 주일이면 어머니와 아들과 함께 교회에 다니며 자신의 잘못을 깊이 회개하였다. 그가 변화하자 중소기업을 경영하는 교회장로가 그를 직원으로 채용하였다. 범식은 늘 사람들이 자신을 업신여긴다고 생각했는데 그게 아니라는 사실에 감화를 받아 더욱 열심히 노력하였다. 그의 노력이 인정되어 집사의 직분을 받았다. 그는 집에서나 교회서나 자신이 할 수 있는 일은 궂은일도 마다하지 않고 앞장서서 했다. 그는 1년 전 자신의 처지와 비슷한 믿음이 좋은 신자와 결혼하는 축복도 받았다. 그의 아들은 전문대학에 다니며 한창 꿈을 키우고 있다.

이 모든 것이 불과 4년 사이에 일어났다. 그는 지금 누구보다도 행복하다. 어머니의 간절한 믿음은 그를 완전히 새사람으로 변화시킨 것이다. 이처럼 종교는 새로운 나로 거듭나게 하는 위대한 힘을 가지고 있다.

종교는 없는 것보다
있는 게 백 번 낫다

오래전 탄광이 무너졌을 때 일이다. 무너진 굴속엔 7명이나 되는 광부가 있었다. 그들 중에 어떤 사람은 절망감에 사로잡혀 큰소리로 절규하였다. 그러자 네 명의 동료들은 서로 얼싸안고 울었다. 하지만 두 명은 울지 않았다. 그 두 명 중 제일 연장자인 광부는 마치 죽음을 초월한 것처럼 기도를 하였다. 기도하는 그의 모습은 아주 평온해 보였다. 그는 살 수 있다는 희망을 끝까지 잃지 않았다. 살아남은 사람은 그와 두 사람의 동료였다. 나머지는 죽고 말았다.

필자는 이 이야기를 듣고 종교가 주는 긍정의 힘에 깊이 감동했다.

노만 V. 필 박사는 그의 저서《적극적인 사고방식》에서 이렇게 말했다.

"기도를 많이 해야 한다. 그리고 그 기도는 하나님이 우리에게 위대하고 훌륭한 것을 부여하리라는 생각을 갖고 감사하는 마음으로 하자. 왜냐하면 우리가 만일 하나님은 그렇게 해주실 거라고 생각하면 반드시 그렇게 해주시기 때문이다."

노만 V. 필 박사의 말은 믿음과 확신으로 가득 차 있음을 알 수 있다. 그가 이렇게 말할 수 있는 것은 믿음이 인간에게 미치는 위대한 은총에 대해 잘 알기 때문이다. 그렇다면 어떻게 믿는 것이 종교를 잘 믿는 것일까.

종교를 잘 믿는 바른 자세

01. 자신이 믿는 종교에 대해 의심하지 말고, 진정성 있게 믿어야 한다. 그것이 자신이 믿는 종교에 대한 예의이다.
02. 종교가 가르치는 대로 실천해야 한다. 종교 안에서는 믿음을 지키고, 밖에서는 믿음을 지키지 않는다면 자신이 믿는 신에 대한 불충이다.
03. 믿음은 자신만을 위한 것이 아니다. 타인에게 믿음을 전해준다면 더욱 믿음이 돈독한 신앙인이 될 수 있다.
04. 종교가 지향하는 것에 위배되는 말과 행동을 하지 말아야한다. 그것은 자신은 물론 신에 대한 모독이다.
05. 어려운 일을 만날 땐 언제나 기도를 통해 믿음 안에서 지혜를 구하라. 믿는 대로 될 거라고 굳게 확신하라.

이상 5가지를 기본으로 삼아 실천한다면 흔들리지 않는 믿음을 통해 50대 이후에 자신이 원하는 삶을 살게 될 것이다. 종교는 없는 것보다 있는 게 백 번 천 번 낫다. 종교가 없다면 반드시 자신에게 잘 맞는 종교를 갖기 바란다.

TIP_생각의 나무 03

종교는 마음을 정화시키는 탁월한 힘이 있다. 마음이 교만하고 완악한 이들도 종교를 통해 완전히 거듭나는 경우가 많다. 또한 불가능해 보이는 일도 가능하게 하며, 시련과 역경을 희망으로 바꾸는 긍정의 힘이 뛰어나다.

종교는 인간의 상식을 뛰어넘는 초월적인 능력을 갖고 있다. 우리가 말하는 기적이라는 것들은 종교가 지니는 위대한 능력 가운에 하나의 예에 불과하다. 인간 수명은 날로 증가하고 있다. 앞으로 수십 년 내에 우리나라가 세계 최고의 장수국가가 된다는 유엔의 통계가 최근(2013) 발표되었다. 매우 놀라운 일이 아닐 수 없다.

그런데 문제는 나이가 들수록 1인 가구가 늘어나고 있다. 이럴 때 종교를 갖게 되면 많은 도움을 받을 수 있다. 종교(여기서 종교는 신과 동일성을 지님을 의미한다)는 인간의 생사화복을 주관하는 뛰어난 능력을 갖고 있다는 사실을 잊지 말아야 할 것이다.

 ## 공부하는 습관으로 지적으로 늙어가기

나이를 먹어감에 따라 추하게 늙음을 누구나 바라지 않을 것이다. 그렇지 않아도 나이를 먹게 되면 신체의 기능이 약화되어 팽팽했던 피부는 쪼글쪼글 주름이 져 탄력을 잃게 된다. 기억력은 감퇴되어 금방 본 것도 가물거리고, 심하면 기억 자체를 하지 못한다. 나이 앞에는 부도, 권세도, 학문의 깊이도, 뛰어난 재능도, 멋진 몸매도, 탁월한 능력도 다 소용없다. 그러니 추하게 늙는다면 스스로에게 미안한 일이다.

그런데 멋지게 늙어간다고 생각해보라. 비록 탄력을 잃은 몸이지만 가꾸면 얼마든지 나이에 맞는 멋스러움을 나타낼 수 있다. 그리고 무엇보다 지적으로 늙어가는 것처럼 멋진 일은 없다. 백발의 노신사가 공원 벤치에 앉아 시집을 읽는다고 생각해보라. 생각만으로도 멋진 일이 아닌가. 하지만 대낮부터 술을 먹고 비틀거리거나 아무데서나 줄 담배를 피워댄다고 생각해보라. 지적은커녕, 멋스러움은커녕 사람들로부터 욕이나 안 먹으면 다행이다.

지적으로 나이 들기 위해서는 공부를 습관화해야 한다. 여기서 공부란 학습적인 것이 아니라 풍부한 독서를 통한 다양한 지식을 기르는 것이다. 이렇게 함으로써 기억력이 녹슬지 않게 하고, 치매를 예방함은 물론 새로운 것을 통해 젊게 생각하고 그럼으로써 젊게 살아갈 수 있다. 이에 대해 로이스 베이는 이렇게 말했다.

"날마다 한 가지씩 새로운 것을 배워라. 그러면 결코 늙지 않을 것이다."

또 앤서니 로빈스는 이렇게 말했다.

"배움을 멈추지 마라. 지속적이고 끝없는 발전을 위해 날마다 배움에 힘쓰라."

앤서니 로빈스의 말처럼 배움은 참 중요하다. 배움을 통해 새로운 것을 알아가는 즐거움처럼 신나는 일은 없다. 배움은 평생을 하는 것이다. 나이가 들어감에 따라 배움은 더욱 필요한 것임을 잊지 말아야겠다.

인간은 배움으로써
인간의 가치를 드높인다

배움의 기쁨은 실로 크다. 모르는 것을 알아간다는 것은 마치 신비한 보석을 캐는 거와 같다. 그래서 배움의 기쁨을 잘 아는 이들은 배우는 일에 소홀히 하는 법이 없다.

배움이 중요한 것은 배움을 통해 일상에서 활용하는 것도 가치가 있는 일이지만, 배우는 즐거움을 마음에 간직하는 것 또한 가치 있는 일이다.

배움에는 일정한 기간이 없고, 나이의 많고 적음을 따지지 않는

다. 배움은 누구에게나 오픈되어 있다. 다만 배움을 갖느냐 안 갖느냐는 것은 오직 당사자가 결정할 문제이다

다음은 배움의 즐거움을 잘 알게 하는 이야기이다.

어버이 날 노래로 유명한 '어머니 은혜'를 작사한 수필가 윤춘병. 그는 평생을 목회활동을 한 목사이다. 목회활동을 하는 바쁜 가운데에도 후학을 가르치는 일에 언제나 열정을 다했다.

그는 평생 책을 손에서 내려놓은 적이 없다. 언제나 그의 손에는 책이 들려져 있었고, 정기적으로 서점을 순례하며 책을 구입하였다. 그의 이런 습관은 백발이 성성한 80의 나이에도 여전히 변함이 없었다.

필자가 그 분과의 만남을 갖게 된 것은 풋풋한 이십대 시절 그분에게 두 학기 동안 구약개론에 대한 강의를 들은 것에서 비롯되었다. 언제나 조용조용 말씀하시지만, 그 안에는 뜨거운 열정이 고스란히 담겨 있어 필자에게 그대로 전달되었다. 더욱이 필자가 그분에게 관심을 가졌던 것은 그가 수필가라는 이유에서다.

필자는 청소년 시절부터 시를 써서 잡지 등에 발표를 하며 활자화된 내 시를 읽는 것을 큰 즐거움으로 삼았다. 그와 더불어 문학의 밤과 같은 축제에서 시를 발표하곤 했다. 필자는 글 쓰는 것이 좋아 글쓰기를 즐겼지만 필자가 시인이 되고 작가가 되어야겠다는 생각은 하지 않았다.

그런데 이십대에 들어 그를 만나고 나서 필자에게 변화가 찾아 온 것이다. 그는 필자가 시인이 되고 작가가 된 결정적인 동기를 갖게

해 주었다. 그가 단지 수필가라는 그 이유 하나만으로 필자에겐 크나큰 동기부여가 되었던 것이다.

그 후 20여년이 지난 어느 날 그 분을 우연히 서점에서 만나게 되었다. 돌아가신 아버지를 뵙는 것처럼 참 반가웠다. 필자는 그에게 필자가 시인이 되고 작가가 된 이야기를 들려주었다. 그는 필자의 얘기를 듣고는 매우 기뻐하였다.

"목사님은 여전히 책을 놓지 않으시네요."

"허허, 그래? 내가 살아 있는 동안 나는 책을 떠날 수 없지."

그는 필자의 말에 이렇게 말하며 여전히 책을 손에서 놓지 않는 학구적인 모습을 보여주었다. 필자는 그분을 통해 진정한 배움이란 평생을 손에서 책을 놓지 않는 것이라는 깨달음을 다시금 느낄 수 있었다.

그는 많은 제자들과 신자들로부터 존경을 받았다. 그가 존경받을 수 있었던 가장 큰 이유는 스스로 배움을 통해 자신의 가치를 한껏 드높였기 때문이다.

배움에 시간을
아끼지 않는 현명함

독서삼여讀書三餘라는 말이 있다. 이는 독서하기 좋은 세 가지 여가를 말함인데, 첫째는 밤이며, 둘째는 일하지 못하는 비오는 날이며, 셋째는 농사를 지을 수 없는 겨울을 말한다. 이 말이 생긴 유래는 이러하다.

〈춘추좌씨전〉의 주로 유명한 위나라의 동우 선생에게 어떤 젊은

이가 찾아와서는 제자가 되고 싶다고 했다. 동우 선생은 이렇게 말했다.

"우선 거듭 몇 번이고 반복해서 읽어라. 그리하면 그 뜻을 저절로 알게 될 것이다."

그러자 젊은이는 이렇게 말했다.

"그럴 여가가 없습니다."

"그렇지 않다. 책읽기 좋은 세 가지 여가 있느니라."

동우 선생은 이렇게 말하며 세 가지 여가에 대해 앞에 제시한 독서삼여를 들어 가르침을 주었다.

많은 이들이 대학을 마치면 공부와 담을 쌓고 지낸다. 그러나 이는 대단히 잘못된 일이다. 배움이란 끝이 없다. 살아있는 동안 계속 해야 하는 것이 배움의 본질이다. 이에 대해 자기계발전문가인 미국의 브라이언 트레이시는 이렇게 말했다.

"평생 배우기에 힘써야 한다. 당신의 정신과 당신의 머리에 집어넣는 것, 그것이 당신이 가질 수 있는 최고의 자산이다."

그렇다. 평생 배우기에 힘써야 한다는 브라이언 트레이시의 말처럼 현명한 사람은 배움을 멈추지 않는 법이다.

평생 배움에 목말라하던 할머니가 있었다. 그러나 자식들 먹이고 입히고 가르치느라 배움의 기회는 쉽게 오지 않았다. 오랜 세월이 지나고 자식들 결혼시키고 나서야 기회가 주어졌다. 기억력도 흐려지고 눈도 침침했지만 어머니의 소원을 잘 아는 자식들의 응원에 힘입어 열심히 공부하였다. 그러나 생각처럼 잘 되어주지 않았다. 내가 다 늙어서 이게 무슨 일인가 싶다가도 배움에 열정을 버릴 수가 없었다. 할머니는 열심히 노력한 끝에 대입검정고시에 합격하였다. 그리고 대학 진학의 꿈을 이뤘다. 산 넘어 산이라는 말처럼 할머니에겐 쉬운 것은 하나도 없었다. 하지만 할머니는 침침한 눈에 돋보기를 쓰고 공부를 한 끝에 마침내 그렇게 바라던 대학을 졸업하였다. 할머니는 자식들의 축하를 받으며 스스로에게 감사했다.

할머니는 또 다른 도전을 위해 대학원에 진학하였다. 할머니의 배움에 대한 열정은 많은 사람들에게 깊은 감동을 주었다.

필자는 이 이야기를 듣고 크게 감동하였다. 노력하면 불가능해 보일 것 같은 일도 충분히 해낼 수 있다는 것을 보여준 할머니는 배움에 대한 귀감이 아닐 수 없다. 배움에 시간을 아끼지 않는 현명한 50대가 되라.

공부하는 50대를 위한
다양한 공부법

공부하는 50대는 과연 얼마나 될까, 생각해보았다. 그런데 유감스럽게도 1년에 책 한 권 안 읽는 50대들이 50%도 더 되었다. 매우 부끄러운 일이 아닐 수 없다. 술 줄이고, 담배 줄이고, 신변잡기 줄이면 얼마든지 책을 읽을 수 있다. 문학, 예술, 인문서, 경제서 등 읽을거리가 지천으로 쌓였다. 읽는 것만으로도 훌륭한 공부가 된다. 다만, 하지 않아서 못할 뿐이다. 그러면 50대를 위한 공부법은 어떤 것이 있을까. 이 방법을 활용하면 많은 도움이 될 것이다.

50대를 위한 공부법

01. 다양한 책을 읽으면 다양한 지식을 기를 수 있다. 인문, 문학, 경제, 예술, 철학 등 다양한 독서를 즐겨라.(책을 살 돈이 없으면 도서관을 이용하면 얼마든지 독서를 즐길 수 있다.)
02. 평생교육원, 도서관, 평생학습관, 주민잔치센터 등 사회기관 곳곳마다 무료로 하는 강좌들이 즐비하다. 이곳을 이용하면 비용 없이도 배움을 즐길 수 있다.
03. 독서 모임에 참여하여 사람들과 교류하는 것도 좋은 공부법이다. 다양한 사람들과 교류하다 보면 얻는 게 많다.
04. 신문을 읽고 스크랩을 하는 것도 좋은 공부법이다. 신문에는 문화, 정치, 경제, 사회, 체육 등에 대한 다양한 정보가 많다.
05. 인터넷을 이용하는 것도 좋은 공부법이다. 인터넷엔 수많은 정보로 가득 차 있다. 인터넷을 잘 활용하면 모르는 것을 얼마든지 배울 수 있다.

돈이 없이도 공부를 즐길 수 있는 방법에 대해 알아보았다. 지극히 단순한 것처럼 보일지도 모른다. 그러나 단순함 속에 진리가 들어있다. 과거 유대인들 중에는 이 다섯 가지 중 1번의 방법과 같이 책을 통해 배움을 가졌다. 책처럼 좋은 가르침을 주는 스승도 없다.

자신이 앞서가는 50대가 되기 위해서는 배워야 한다. 남이야 무엇을 하던 자신만 열심히 하면 된다. 자신에게 배움의 기회를 주는 것이야말로 스스로를 존중하고 지적으로 늙어가는 최선의 방법이다.

TIP_생각의 나무 04

독일 최고의 지성 괴테는 이렇게 말했다.
"나에게는 일하고 공부하는 것이 전부이다."
일하고 공부하는 것이 전부라고 말할 수 있는 사람은 얼마나 당당하고 멋진가. 그러나 괴테처럼 배움에 대한 자부심과 긍지를 가진 사람은 많지 않다. 배움이란 힘들고 골치 아프다고 여기기 때문이다.
물론 그 어떤 배움도 골치 아프지 않은 것은 없다. 배움이라는 것은 머리를 쓰지 않으면 할 수 없는 것이므로 그럴 수밖에 없다. 하지만 이것을 일정기간 참아 낼 수 있다면 공부하는 습관을 들일 수 있다. 공부하는 습관만 들이면 배우는 것은 세 끼의 밥을 찾아 먹는 것처럼 즐겁고 쉽다.
50대 이후의 삶을 좀 더 의미 있게 살고 싶다면 배움을 즐기는 50대가 되라. 단, 공부하는 50대가 되느냐 그렇지 않으냐는 오직 각자가 선택해야 할 몫이다. 지적으로 늙어가는 현명한 50대가 되라.

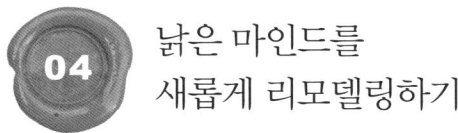

04 낡은 마인드를 새롭게 리모델링하기

나이를 먹게 되면 젊었을 때와는 달리 몸도, 마음도, 생각도 변한다. 몸과 마음은 늙어가고, 생각은 구태의연해진다. 누구나 나이를 먹으면 다 그런 거는 아니지만 대개의 사람들에서 볼 수 있는 현상이다.

"젊었을 땐 그렇게 생각도 반듯하고 말도 참기름을 바른 것처럼 번지르르 잘 하더니 나이 들더니 완전히 멋대로구먼. 저래서 나이가 들수록 더 자신을 돌아봐야 하는 거야."

언젠가 친구인 M이 자신이 아는 사람을 만난 뒤 이렇게 말했다. 친구 옆에서 그를 지켜 본 필자는 그 사람의 말과 행동거지에 참 제멋대로인 사람이군, 하고 생각했다. 그런데 그렇게 변했다는 게 참 놀라웠다.

물론 사람은 언제나 변하는 동물이다. 변하는 이유는 여러 가지지만 가장 큰 이유는 역시 환경이 아닌가 싶다.

"환경이 사람을 만든다."

이 말에서 보듯 환경이란 그 사람의 말과 행동, 마인드와 사상, 삶의 철학까지도 바꾸어 버릴 만큼 절대적인 영향을 미친다. 그래서 생긴 말이 맹모삼천지교이질 않은가.

  나이가 들수록 잘 늙어야 한다. 자칫하면 추하고, 주책맞은 사람처럼 될 수 있다. 적어도 의식이 있는 50대라면 그렇게 되는 것을 피해야 한다. 그러기 위해서는 몸과 마음을 늘 보살피는 노력이 필요하다. 특히, 마음은 더더욱 살피는 노력이 필요하다.

  낡고 헌집도 리모델링을 하면 완전히 새집이 된다. 이는 사람의 마음도 마찬가지다. 마음이 녹슬지 않게 하기 위해서는 마음을 새롭게 해야 한다. 혹여 마음이 녹슬었다 해도 늦지 않다. 지금이라도 당장 낡은 마인드를 새롭게 리모델링하면 된다.

마음이 낡으면
몸도 생각도 녹슨다

  마음이 낡으면 생각도, 사상도, 삶의 철학도 다 녹슬고 만다. 마음은 그 사람의 중심이고 인격의 거울이다. 마음이 반듯하면 그 사람의 행동거지가 반듯하다. 하지만 마음이 반듯하지 못하면 행동거지 역시 반듯하지 못하다.

  "몸의 모든 부분은 마음에 의존한다."

  〈탈무드〉에 나오는 말이다. 이는 마음이 몸의 모든 것을 지배한다는 의미이다. 또 마음은 몸의 등불과 같다는 말이 있는데, 이는 바로 〈탈무드〉에 나오는 말의 의미와 같다고 하겠다.

  〈청춘〉이란 시로 잘 알려진 유대인 출신 미국 시인인 사무엘 울만을 보자. 그는 나이를 먹어도 청춘으로 살 수 있고, 나이를 먹지 않아도 여든의 노인으로 살아간다고 시에서 표현했다. 사무엘 울만의 관점에서 보는 청춘이라는 개념은 나이에 따라 정하는 것이 아니라 그 사람이 어떤 마음을 갖고 사느냐가 중요하다는 것이다. 이를 좀 더 부연해서 말하면 영혼의 안테나를 높이 세우고 사느냐, 하는 것이다. 여기서 영혼의 안테나라는 말은 매우 중요하다. 왜냐하면 영혼의 안테나라는 것은 바로 살아있는 자아, 즉 깨어 있는 자각을 말하는 것이다. 생각이 깨어 있다는 것은 어떤 것도 맞을 준비가 되어 있음을 의미한다. 이런 준비가 되어있지 않은 상태에서는 아무리 좋은 기회가 찾아온다고 해도 그 기회를 살리는 데 무리가 따른다. 그래서 이런 사람들은 새로운 것을 받아들이는데 미숙하다. 이처럼 청춘으로 살기 위해서는 생각도 젊고 마음도 젊어야 한다.

니체는 '마음의 근육'을 키우라고 말했다. 마음이 반듯하게 잘 갖춰줘야 매사를 철저하게 해 나가게 됨으로써 자신이 원하는 삶을 살아갈 수 있기 때문이다.

50대라는 나이는 자칫하면 마음도 몸도 낡게 만들 수 있는 어정쩡한 나이다. 젊은 것도 아니고 그렇다고 노인 축에도 못 낀다. 이 시기에 마음의 눈금을 젊음 쪽으로 두느냐 그렇지 않느냐에 따라 앞으로의 삶이 결정된다. 자신이 밝고 젊게 살고 싶다면 마음이 늙지 않도록 하면 된다. 사람이 노력해서 안 되는 것은 없다. 다만 하지 않아서 못하는 것으로 착각하는 것뿐이다.

낡은 마음을 새롭게
리모델링하기

낡은 마음은 얼마든지 새롭게 고칠 수가 있다. 그런데 그렇게 하지 못하는 것은 전적으로 자신에게 문제가 있다. 자신을 새롭게 변화시킬 의지가 약하기 때문에 언제나 생각만으로 끝난다. 이런 자세로는 죽었다 깨어나도 자신의 낡은 마인드를 바꿀 수 없다. 생각도 중요하지만 그 보다 더 중요한 것은 행동하는 것이다. 행동의 중요성에 대해 페이스북 COO(최운영책임자)이자 〈린인〉의 저자인 셰릴 샌드버그는 이렇게 말했다.

"변화의 시작은 수백 번의 이상적인 생각보다 한 번의 실행이다."

샌드버그가 이처럼 자신 있게 말할 수 있는 것은 그녀는 5시 30분에 퇴근을 하여 아이들 하고 저녁을 함께하며 엄마의 역할을 훌륭히 해내고 있기 때문이다. 그녀 또한 이처럼 결심하고 실행하기 전엔 회사의 눈치를 살피느라 3개월 출산 휴가조차 맘대로 쓰지 못하고 거실에서 회의를 하기도 했다고 한다. 그러나 그녀는 자신의 결심대로 눈치보지 않고 5시 30분에 퇴근을 실시하였다. 그렇다고 해서 일의 능률이 떨어진 것도 아니다. 오히려 시간을 능동적으로 활용할 수 있어 능률이 올랐다. 그녀는 이런 삶의 변화를 가져야 한다고 책에 밝힘으로써 큰 반향을 불러 일으켰다.

그렇다. 수백 수천 번의 생각보다는 제대로 된 한 번의 실행이 필요하다. 모든 것을 바꾸는 것은 결국은 실행인 것이다.

안과를 하는 박영순 원장. 그는 진료를 하는 의사로서의 삶에서 벗어나 좀 더 자신이 원하는 삶을 살기를 꿈꿨다. 다양성 있는 삶은 자신을 의미 있는 인생으로 변화시킬 것이라는 확신을 가졌기 때문이다. 그는 젊었을 때 꿈인 성악을 공부하여 자선음악회를 여는 계획을 세웠다. 그는 진료가 끝나면 음악실로 가서 성악을 공부하였다. 노래를 부를 때마다 새로운 힘이 솟아났다. 하고 싶은 걸 한다는 것이 그렇게도 행복할 수가 없었다. 그는 또 건강을 단련시키기 위해 아침에 복싱체육관을 찾아 땀을 흘리며 복싱을 한다. 몸이 가볍고 건강하자 매사에 의욕이 넘쳐났다. 그는 또 틈틈이 등산을 즐기곤 한다. 그의 이런 적극적인 실행력은 자신의 마인드를 새롭게 리모델링해야겠다는 강한 의지에서 비롯되었다.

그는 자신의 꿈인 자선음악회를 열고 많은 사람들에게 꿈과 희망을 주었다. 그는 자신의 인생을 몇 배로 즐기며 사는 멋진 인생을 구가하고 있다.

언젠가 텔레비전을 보다 놀라운 광경을 목격하였다. 여든이 다 된 이덕재 할아버지가 텔레비전에 나와 멋지게 노래를 부르는 게 아닌가. 더구나 음역이 넓고 음의 고저가 분명한 성악을 한다는 것은 더더욱 힘이 든 데도 그는 멋지게 노래를 불렀다. 그렇게 하기 위해서는 피나는 노력이 뒷받침되어야 한다. 더구나 나이가 들면 목소리의 기능이 현저히 떨어진다. 목소리가 굵고 탁해진다. 그러다 보니 높은 소리를 내는데 문제가 따른다. 음이 갈라지고 둔탁해지는 까닭이다. 이를 방지하기 위해서는 꾸준한 발성연습이 필수이다.

그는 어떻게 해서 힘든 성악을 하게 되었느냐는 사회자의 말에 성악은 젊은 날의 꿈이었다고 말했다. 성악을 할 여건이 되지 않아 마음에만 품고 있던 것을 일흔이 넘어서야 비로소 해 낸 것이다. 물론 그가 프로로서 활동은 할 수 없을 지라도 자신의 꿈을 많은 사람들이 지켜보는 데서 이뤘다는 것에 큰 의미가 있다고 하겠다. 그는 많은 사람들에게 꿈을 이루는 데는 나이가 문제가 되지 않는다는 강한 확신과 자신감을 심어주었다.

묵은 마음을
새롭게 바꾸는 법칙

박영순 원장이나 이덕재 할아버지가 자신의 꿈을 이루고 활기차고 행복하게 살아가는 것은 낡은 마음을 버리고 나도 할 수 있다는 새로운 마인드로 리모델링을 했기 때문이다. 지금과 다른 것을 시도한다는 것은 새로운 것을 두려워하지 않을 때 가능하다. 새로운 변화에 대한 두려움을 갖게 되면 마음을 새롭게 변화시킬 수 없다.

미국의 정치인인 로버트 앨런은 다음과 같이 말했다.

"당신이 진정으로 원하는 목표를 달성하기 위해 행동에 착수하는 순간, 두려움은 녹아 없어진다."

앨런의 말은 자신을 변화시키기 위해 두려움을 먼저 없애는 것이 아니라, 자신을 변화시키기 위해서는 먼저 실행을 하라는 것이다. 그렇게 하면 두려움에서 벗어난다는 게 그의 생각이다. 필자는 앨런의 주장에 대해 전적으로 동의한다. 성공적인 인생들은 무슨 일을 할 때 자신을 가로막는 그 어떤 두려움도 갖지 않는다. 두려움에 매여 있는 시간에 그들은 자신이 하고자 하는 일에 이미 매진하고 있다. 그들은 두려움이 지금의 자신을 새롭게 변화시키는 데 하등에 도움이 되지 않는다는 것을 잘 알고 있다. 그것이 그들이 성공적인 인생이 될 수 있었던 가장 확실한 비결이다.

그렇다면 낡고 묵은 마음을 새롭게 리모델링하기 위해서는 어떻게 해야 하는지에 알아보자.

마인드를 새롭게 리모델링하는 5가지
01. 자신을 바꿔야 한다는 생각에 갇혀 있으면 절대로 새로운 내가 될 수 없다. 고정된 생각의 틀에서 벗어나 실행해야 한다.
02. 자신과 비슷한 환경에 있던 사람들의 변화하는 과정을 따라서 해보는 것도 새로운 나를 만드는 좋은 방법이다.
03. 생각이 녹슬지 않게 독서를 즐겨라. 다양하고 풍부한 독서는 생각의 근육을 키우는데 있어 가장 효율적인 방법이다.
04. 마음이 처지지 않도록 감성과 정서를 길러라. 감성이 사라지고 정서가 메마르면 마음이 거칠어져 방해를 받는다.
05. 긍정적이고 적극적인 사람들과 교류하라. 그들과 어울리다보면 자신을 긍정적이고 적극적이게 할 수 있다.

마인드를 새롭게 리모델링하는 다섯 가지의 방법에 대해 알아보았다. 이를 자신에게 꾸준히 적용하다보면 언제부턴가 새로운 에너지로 가득 넘쳐나는 자신을 발견하게 될 것이다.

TIP_생각의 나무 05

자신이 무언가를 새롭게 시도하고 싶다면, 지금 자신의 마음 상태를 점검해보라. 내 마음이 새로운 변화를 잘 받아들일 수 있는지, 끈기와 의지가 강한지, 그 일에 대해 잘 알고 있는지 등을 살펴보라. 그래서 마음의 상태가 양호하다면 당장이라도 실행하라.

하지만 새로운 것에 대해 두려움을 갖고 있거나, 그것을 받아들일 준비가 되어 있지 않다면, 또 의지와 신념이 부족하다면 절대 실행하지 마라. 그것은 스스로를 망치는 일이다.

이에 대해 미국의 미래학자 조엘 바커는 이렇게 말했다.

"실행이 없는 비전은 꿈에 불과하다. 비전이 없는 실행은 시간을 죽이는데 불과하다. 실행이 따르는 비전만이 세상을 바꿀 수 있다."

그렇다. 자신의 마인드를 새롭게 바꾸던, 자신의 삶을 새롭게 바꾸던 간에 실행하지 않으면 아무것도 할 수 없다. 이 세상에 존재하는 작은 것도 실행함으로써 얻어진 결과라는 사실을 잊지 말아야 하겠다.

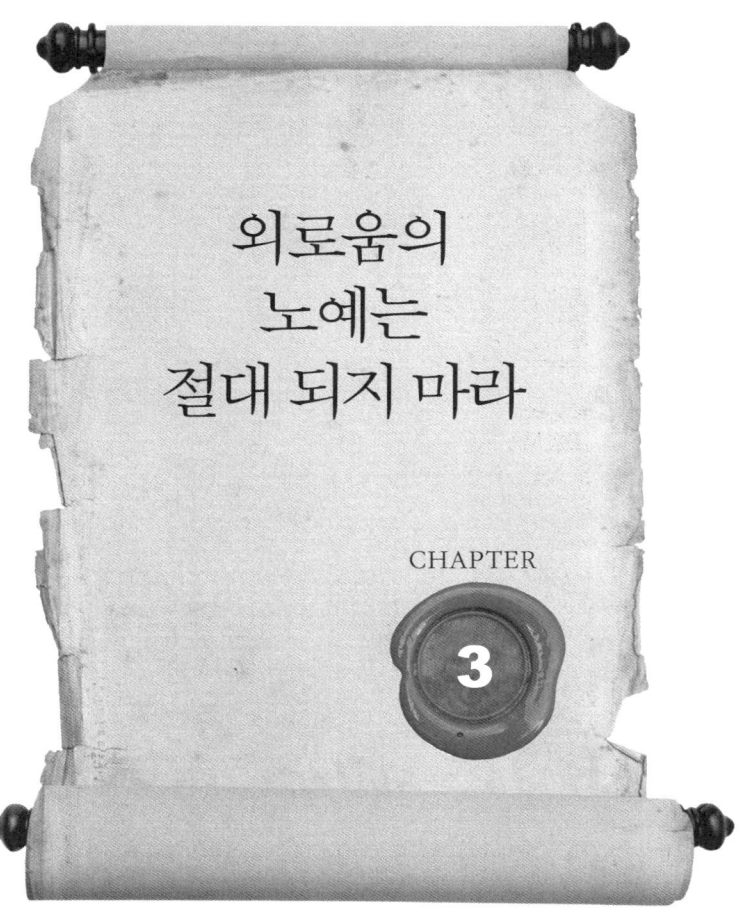

외로움의 노예는 절대 되지 마라

CHAPTER 3

 ## 외로움의 노예는
절대 되지 마라

   사람은 나이가 들수록 외로움을 더 느낀다. 직장생활을 하며 동료들과 어울릴 땐 일하고 어울리는 재미에 외로움을 느낄 겨를이 없다. 하지만 나이가 들고 직장을 그만두게 되면 완전히 바뀌고 만다. 아내는 그동안 남편 뒷바라지 하고 아이들 키우느라 자신만의 시간을 갖지 못했다며 자신만의 시간 갖기를 원한다. 아이들은 직장이다 학교다 해서 아침이면 썰물 빠져나가듯이 집을 나간다. 그러면 혼자 덩그렇게 앉아 신문 보고, 텔레비전 보고 때 되면 밥 찾아먹고, 혼자만의 시간을 보낸다.

   직장을 그만두고 처음 얼마간은 홀가분한 기분에 마음의 여유를 느끼기도 한다. 하지만 그 시간이 길어질수록 외로움을 느끼고 마치 자신이 외면받는다는 느낌에 사로잡힌다. 그리고 더 심하면 자신은 할 일이 없는 쓸모없는 존재라고 여겨 상실감에 빠진다.

   상실감에 빠지면 걷잡을 수 없는 고독감에 빠져든다. 고독이 무서운 것은 심하면 자살충동을 느끼게 되고, 나아가 끝내는 목숨을 내던지는 비극을 몰고 온다.

키에르케고르는 말했다.

"고독은 절망에 이르는 병이다."

이 말에서 보듯 고독은 절망을 불러오는 무서운 병이며, 절망이 심해지면 결국 죽음에 이른다.

지금 우리나라에는 1인 가구 수가 점점 늘어나고 있는 추세다. 1인 가구 수가 증가하는 원인은 독신자 수가 점점 늘어나는 추세이고, 이혼에 따른 가족해체가 중요한 원인으로 작용한다고 하겠다.

그러다보니 지켜보는 사람 하나 없는 가운데 홀로 죽음을 맞는 '고독사'의 수가 점점 늘어나고 있다. 이것은 한 인간으로 볼 때 매우 불행한 일이며 사회적으로나 국가적으로도 큰 문제가 아닐 수 없다.

고독사를 막기 위해서는 외로움의 노예가 되지 않도록 하는 것이 무엇보다 중요하다. 이것은 남의 문제가 아니라 바로 내 문제도 될 수 있기 때문이다.

고독사를 이기는 힘
고독력을 키워라

요즘 신문과 뉴스를 보면 마음 아픈 일이 자주 발생한다. 부모형제와 떨어져 혼자 지내던 50대 남성이 죽은 지 수개월이 지나 발견되어 큰 충격을 주었다. 혼자 죽음을 맞이하며 무슨 생각을 했을까, 하고 생각해보면 그저 우울하고 마음이 저리도록 아프다. 그에게도 한때는 가족이 있었고, 번듯한 직장도 있었다. 하지만 퇴직 후 상황은 급변하였다. 자신의 말을 들어 줄 가족도 아내도 없었다. 그들은 각자 자신만의 일에 빠져 충실할 뿐이다. 사랑하는 이들이 곁에 있어도 목이 마르다. 그러다 보니 언제나 외로움에 몸서리친다.

창수는 57살의 이혼남이다. 그는 명퇴를 하고 나서 1년 만에 아내에 의해 이혼을 당하고 말았다. 그는 권위주의적이고 고집이 세다. 거기다 회사 일에 쫓겨 가족들과 여행을 가거나 피서를 맘놓고 가본 적도 별로 없다. 그러다보니 아내를 비롯한 가족들은 항상 불만을 안고 지냈다. 그러다 보니 그가 명퇴를 하고 집에 있자 답답해하며 그에게 살갑게 굴지 못했다. 그러자 그는 가족들에게 화를 냈고, 그게 발단이 되어 부부싸움이 잦았다. 이 일은 그가 이혼을 당하는 사유가 되었던 것이다. 그는 이혼을 요구하는 아내에게 이혼만은 절대 안 된다며 버텼지만 집요하게 요구하는 바람에 결국은 아내의 요구를 들어주었던 것이다.

하루하루가 고통이었다. 특히 밥해 먹는 게 가장 힘들었다. 마트에서 반찬을 사다먹지만 입에 맞지 않아 한 번도 제대로 먹어 본 적이 없다. 반쯤 먹다 버리는 게 고작이었다. 먹는 것, 입는 것 등 기본적인 것도 해결하기가 힘들다 보니 고통을 점점 심해져만 갔다. 그런데다 혼자 지내다보니 외로움에 쩔쩔 매었다. 그는 내성적인 성격이라 사람들과 어울리는 일에도 서툴다. 어느 것 하나 그의 외로움을 달래주지 못했다.

그러던 어느 날 산책을 나갔다 중학교 때 친구를 우연히 만났다. 그는 친구와 술잔을 주거니 받거니 하며 자신의 일을 다 얘기했다. 그의 얘기를 듣고 친구가 말했다.

"자네 얘기를 듣고 보니 매우 심각하네. 저, 다음 주에 내가 속해 있는 산악회에 나오게. 사람들하고 어울리다보면 활력도 생기고 외로움도 이겨낼 수 있을 거야."

"정말 그래 볼까?"

"그래 볼까가 아니라 그렇게 해. 지금 그대로 있다가는 병나기 십상이네."

"그래. 자네 말 대로 하지."

그는 친구의 권유로 산악회 회원이 되었다. 산악회엔 각계각층의 사람들이 있어 다양한 정보도 얻을 수 있었고, 사람들과 어울리며 새로운 인간관계를 형성할 수 있어 그의 외로움을 씻어주었다. 그리고 그는 중소기업을 경영하는 회원의 요구로 그의 회사에서 일하는 기회까지 얻었다. 주 5일 근무이고 보니 시간을 활용하기에도 좋아 매우 만족스러웠다.

"이렇게 나를 새롭게 살 수 있는데 나는 그동안 너무 스스로를 외로움에 갇히게 했어. 자네가 아니었더라면 나는 지금 어떻게 지내고 있을지 생각하는 것도 싫어. 자네는 나를 외로움의 동굴에서 구해준 은인 일세."

창수는 친구와 술잔을 나누며 말했다.

"은인은 무슨. 자네가 스스로를 잘 이겨냈기 때문이지. 자네가 즐거워하는 모습은 내게도 큰 위안을 준다네."

친구는 이렇게 말하며 환하게 웃었다.

지독한 외로움에 빠져 죽을 만큼 힘들어 하던 그는 고독력을 키움으로써 돈도 벌고 사람들과 즐거운 시간을 보내며 새로운 자신으로 거듭나기 위해 자기계발에 힘쓰고 있다.

외로움의 노예가 되어
삶을 탕진하다

지독한 외로움에 빠져 술로 세월을 보내던 재혁은 하루하루가 고통이었다. 그의 머릿속엔 언제 이 고통에서 벗어 날 수 있을까, 하는 생각으로 가득 차 있었다. 하루 종일 전화오는 데도 없고, 외아들은 결혼해서 부산에 살고 있는 관계로 보고 싶어도 맘놓고 볼 수도 없다. 아내와는 2년 전 사별하였다. 혼자되고 얼마 동안은 사람들과 어울리기도 했지만, 어울리는 데도 돈이 있어야 했다. 간신히 자기 몸 건사할 정도인 그는 외출을 삼가고 방에 틀어박혀 지냈다. 그렇게 오래 생활하다보니 습관이 되어 누굴 만난다는 게 부담스러웠다.

혼자 밥 먹고, 혼자 커피 마시고, 혼자 산책하고, 무엇이든 혼자하였다. 혼자라는 것은 서러운 일이며, 눈치 보이는 일이며, 어디서든 맘 편히 지낼 수 있는 것도 힘들었다.

하루가 가고 밤이 찾아오면 "오늘 하루도 이렇게 가고 말았구나." 하며 서러움에 북받쳐 중얼거렸다. 외롭게 생활을 하다 보니 몸도 마음도 늘 불안하였다. 그러자 어느 날부터 사람이 두려워지기 시작하였다. 점점 더 폐쇄적으로 변했다. 그는 두려움을 이기기 위해 폭력적으로 변해 주변 사람들과 다투는 일도 많아졌다. 집에서나 밖에서나 이웃들에게도 자신은 아무 쓸모없는 존재라고 괴로워하던 그는 결국 스스로 목숨을 끊고 말았다.

그가 외로움의 노예가 되어 삶을 탕진하지 않았다면 그렇게 허무하게 가진 않았을 것이다. 그가 어떻게 하느냐에 따라 삶은 얼마든지 변할 수 있다. 그런데 그는 자신을 변화시키지 못하고 삶을 마감함으로써 서러운 생에 종지부를 찍고 말았다.

고독력을 키우기 위한
참 좋은 지혜

"고독은 이 세상에서 가장 무섭고 괴로운 것이다. 어떠한 무서운 일이 닥쳐와도 고독하지 않으면 능히 견디어 낼 수 있으나, 이러한 경우 고독한 사람은 죽음과도 같다."

이는 소설 〈25시〉의 작가인 게오르규가 한 말이다. 그의 말에서 보듯 고독을 죽음과 같이 생각하는 만큼 고독이 고통스럽다는 것을 말함이다. 고독을 이기기 위해서는 고독력을 길러야 한다. 고독력을 기르기 위해서는 어떻게 해야 할까.

고독력을 기르는 지혜

01. 자신을 혼자두지 마라. 친구나 아니면 지인과 어울리며 함께 하는 시간을 가져라.
02. 취미생활을 통해 외로움을 극복하라. 취미생활을 하다보면 고독력을 기를 수 있다.
03. 봉사활동을 하는 것도 좋은 방법이다. 봉사활동을 하다보면 자신의 처지를 극복하게 되어 외로움을 이기는 데 큰 도움이 된다.
04. 부부끼리 대화를 자주 하라. 부부 사이에 대화가 단절되면 사람이 곁에 있어도 외로움에 빠지게 된다.

05. 독서습관을 기르는 것도 고독력을 이기는 좋은 방법이다. 독서는 마음의 허전함을 채워줌으로써 고독력을 길러준다.
06. 새로운 것을 배우는 일에 힘써라. 배우는 재미에 빠지면 고독력을 기르게 되어 외로움을 이겨내는 데 큰 도움이 된다.

50대는 인생의 중심축을 이루는 세대이며 인생 2막을 여는 세대이기도 하다. 또한 40대와 같이 인생의 샌드위치와 같은 세대이기도 하다. 만에 하나 자칫 실수라도 하면 걷잡을 수 없는 고통에 빠져드는 위기의 세대이기도 하다. 불완전한 인생의 세대인 50대를 잘 살기 위해서는 몸과 마음을 젊게 하고 건강하게 해야 한다. 그렇게 될 때 외로움이 찾아와도 거뜬히 이겨낼 수 있는 힘을 갖게 된다. 외로움의 노예로 사느냐 아니면 즐기며 사느냐는 것은 오직 자신에게 달려있는 것이다.

TIP_생각의 나무 01

인간의 수명은 날이 갈수록 늘어간다. 유엔의 발표에 따르면 그리 오래지 않아 우리나라가 일본을 제치고 세계 최장수 국가가 된다고 한다. 인간이 오래 산다는 것은 분명 축복이지만 어떻게 오래 사는가가 더 중요하다. 건강하게 오래 사는 거와 아프면서 오래 사는 거는 차원이 틀리다. 건강하게 오래 산다면 그것이야말로 아름다운 축복이라고 하겠다. 그러나 그와 반대라면 얘기는 달라진다. 그것은 축복이 아니라 고통이기 때문이다.

세계 최장수국의 하나인 일본은 전 세계적으로 고독사의 비율이 가장 높은 나라이다. 아이러니가 아닐 수 없다. 지독한 외로움에서 오는 고독을 이기지 못하고 스스로 목숨을 끊는다는 것은 참혹한 비극이다. 그런데 참혹한 비극이 우리나라에서도 심심찮게 일어나고 있다. 고독사를 줄이고 스스로 삶을 마감하는 비극을 줄이기 위해서는 고독력을 이겨내야 한다. 고독력을 이겨내는 힘을 기른다면 어떤 상황에서도 생목숨을 끊는 비극을 막을 수 있을 것이다.

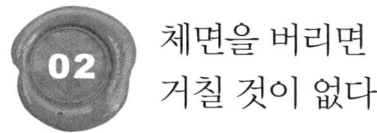# 체면을 버리면
거칠 것이 없다

　우리나라 사람들은 체면을 매우 중시하는 경향이 있다. 물론 과거에 비해 많이 변한 건 사실이지만 아직도 체면 때문에 주변 사람들의 눈치를 보느라 하고 싶은 것도 하지 못하는 경우가 많다. 흔히 하는 말로 체면이 밥 먹여 주는 것도 아니질 않은가.

　체면은 유교사상의 잔재라고 할 수 있다. 과거 양반들은 집이 찢어지게 가난해도 굶어서 죽을지언정 장사를 하거나 농사를 짓거나 허드렛일 하는 것을 수치로 알았다. 물론 양반들의 세계에서 눈치가 보여 하지 못하는 경우도 있었을 것이다. 하지만 이는 매우 어리석은 일에 불과할 뿐이다. 이는 비현실적인 삶이라고 해도 결코 과언이 아니기 때문이다.

　이런 체면의 잔재들이 21세기를 사는 지금도 뿌리 깊게 남아 있는 게 우리사회의 현실이다. 과거에 아무리 높은 지위나 자리에 있었다 하더라도 현실과는 무관한 과거사일 뿐이다. 그런데도 내가 왕년에 국장이었는데, 서장이었는데, 교장이었는데, 교수였는데, 장군이었는데, 대기업 이사였는데 하는 등 자신의 과거에 매여 현실을 외면하려고 한다면 이는 매우 비능률적이고 고리타분한 일일 것이다.

영국의 수상을 지낸 맥밀란을 보자. 그는 수상직에서 물러 난 후, 전차를 타고 일을 보러 다녔다. 그를 알아보는 시민들이 수상을 지낸 분이 어찌 전차를 타고 다니느냐고 물었을 때 그는 웃으며 말했다.

"내가 수상일 땐 바빠서 관용차를 타고 다녔지만 지금은 평범한 시민이며 또한 자동차를 타고 다닐 만큼 바쁘지도 않습니다. 나는 전차를 타고 다녀도 아무런 불편을 느끼지 못한답니다."

맥밀란의 말을 들은 시민들은 과거의 체면 따위를 생각지 않는 그의 겸허함과 서민적인 소탈함에 그를 더욱 존경을 했다고 한다.

필자는 이 이야기를 읽고 큰 감동을 받았다. 우리나라의 일부 몰지각한 고위공직을 역임한 이들과는 달라도 너무 달랐기 때문이다. 현직에 물러나서도 전관예우니 뭐다해서 힘들이지 않고 살아가며 그것을 자랑스럽게 여기고 마치 자신들이 특권을 가진 사람처럼 여기는 이들을 보면 구역질이 난다.

사람은 과거의 이력도 중요하지만 지금이 더욱 중요한 존재이다. 지금을 현명하게 살아가는 것이야 말로 진정 자신의 삶을 사랑하는 아름다운 일이다.

체면이란 거추장스런
탈을 벗어 버려라

체면은 소모적이고 비효율적인 마인드이다. 체면이란 거추장스런 탈과 같아 삶을 불편하게 하고 비능률적이게 한다. 하고 싶은 일도 못하고, 경제활동을 할 형편인데도 체면 때문에 "내가 그것을 어떻게 해?" 하고 말한다면 그것이야말로 어리석음의 극치이다.

  정말로 중요한 것은 체면이 아니라 내가 하고 싶은 것을 당당하게 하는 것이다. 이것이야말로 현명한 일이며 효율적인 삶인 것이다. 다음은 과거의 신분을 벗어버리고 당당하게 살아가는 전직 교장의 이야기이다.

  어느 아파트에 60대 초반의 남자가 새로 경비원으로 채용되었다. 그는 항상 웃는 얼굴로 아들 같고 딸 같은 사람에게도 먼저 인사를 건넸다. 아파트 주민들은 처음이라 그러다 말겠지 하고 생각했다.

  그런데 두 달이 가고 세 달이 지나도 여전히 변함없었다. 그리고 그는 아파트 구석구석에 떨어진 휴지며 담배꽁초를 주워 아파트가 티 하나 없을 만큼 깨끗했다. 또 무거운 짐을 든 사람은 그가 누구든 자신이 대신 들어주었다. 그리고 아이들이 서로 욕을 하고 싸우면 아이들을 달래 사이좋게 지내게 했다. 아파트 사람들은 그의 말과 행동 거지 하나하나에 깊은 감동을 받았다. 그가 보여준 말과 행동은 살아있는 교과서와도 같았기 때문이다. 그가 오고 나서 아파트 환경이 많이 바뀌었다. 자신만 아는 사람들도 이웃을 생각해서 아무데서나 담배를 피우지 않았고, 소음도 자제하는 등 새롭게 거듭났다.

  한 사람의 경비원이 아파트 사람들을 변화시킨 것이다. 그러던 어느 날 그 아파트에 볼일이 있어 들른 어떤 사람에 의해 그 경비원의 신분이 드러났다.

  "교장 선생님께서 어떻게 여기서 경비 일을 하십니까?"

  그는 이렇게 말하며 깍듯이 인사를 했다. 그 모습을 때마침 지나가던 아파트 주민들이 보게 되었다. 그 사람은 경비원이 교장으로 재직할 당시 그 학교의 교사였다.

이 소문은 곧바로 아파트에 퍼졌고 아파트 사람들은 저마다 한마디씩했다.

"교장선생님을 하신 분이 어떻게 경비 일을 다 하실까. 역시 훌륭한 선생님은 말과 행동이 달라."

"참 존경 받아 마땅한 분이셔."

"우리 아파트에 저처럼 훌륭한 어른이 계신다는 건 축복이야."

이 일이 있고도 전직 교장선생님은 경비원 일을 계속하고 있다. 아파트 주민들은 그를 교장선생님이라고 부르며 마음으로부터 깊이 존경한다.

필자는 이 이야기를 듣고 그의 인품에 크게 감동하였다. 교장이라는 세계는 권위와 엄숙함에 길들여져 있다. 그래서 이런 말도 있다. 강사들이 가장 강연하기 싫은 부류가 교장선생님이라고. 이들은 아무리 유머를 써도 잘 웃지 않는다고 한다. 근엄하고 엄숙함의 대표적인 부류인 것이다.

그런데 그런 부류에 몸담았던 그가 그렇게 할 수 있다는 것은 매우 놀라운 일이 아닐 수 없다. 그야말로 진정으로 참 교직자며 인격자라고 할 수 있다. 그는 먹고사는 문제도 전혀 없다. 다만 일이 하고 싶어서 한다고 한다.

자신이 무엇을 하고 싶다면 그 일이 자신의 신분과 맞지 않는다 해도 시도하라. 그것이 진정으로 자신을 위하는 일이며 생산적이고 효율적인 삶인 것이다. 체면은 거추장스런 탈일뿐이다.

체면에 매여
잉여인간이 되다

체면을 중시하는 이들은 과거의 신분에 매여 아까운 시간을 탕진하곤 한다. 이들의 입에서 나오는 말들은 대개 과거형이다.

"내가 왕년에 대령이었는데, 그런 걸 어떻게 해."

"내가 교육청 장학관을 했는데 나 보고 그걸 하라고? 사람을 뭘로 아는 거야."

"내가 이래 뵈도 잘 나가던 사람이야. 옛날 같으면 니들 다 죽었어."

이 말에서 보듯 현실적인 말이라고는 하나도 없다. 모두가 과거지향적이고 비현실적인 말에 불과하다. 이런 말은 영양가라고는 하나도 없을 뿐 더러 사람들에게 욕이나 바가지로 얻어먹을 말에 불과하다.

체면은 과거의 신분 따위가 세워주는 것은 절대 아니라는 거다. 그것은 그 사람의 인품이 세워주는 것이다. 다음은 체면에 얽매이다 비효율적인 삶을 살고 있는 사람의 이야기이다.

대대장 출신인 박홍규. 그는 과거에 빠져 지낸다. 친구들을 만나도 지인들을 만나도 누굴 만나던 간에 대대장을 하던 군대이야기 뿐이다. 그는 군대 이야기를 할 때 눈이 반짝반짝 빛난다. 그러나 그 외의 이야기를 할 땐 전혀 다른 모습을 보인다.

의류점을 하는 그의 아내는 대기업 유통점이 들어오고 나서 장사가 잘 안 되자 그에게 무슨 일이라도 하라고 말하지만 그는 귓등으로 듣는다. 물론 처음부터 그가 그랬던 건 아니다. 그가 예편하고 난 후 중소기업에서 잠시 동안 일한 적이 있다. 그는 사람들과 어울리지 못하고 회사를 그만 두었다. 직원들이 자신을 함부로 여긴다는 게 이유였다. 대대장을 지낸 자신을 우습게 안다는 것이다.

생각해보라. 대대장을 하던, 연대장을 하던, 사단장을 하던, 군단장을 하던, 대장을 지냈던 그것이 지금과 무슨 상관이란 말인가. 그것은 어디까지나 과거일 뿐이다. 그런데 자신을 대접하지 않는다고 자신의 체면을 구긴다고 회사를 그만두다니, 그건 상식에 없는 일이다.

그 일이 있고 여러 군데 이력서를 넣었지만 오라는 데는 한 군데도 없었다. 그리고 쉽게 할 수 있는 일이라는 건 대개 노동력을 필요로 하는 일 뿐이었다. 그러다 보니 그는 아예 일할 생각을 안 한다. 그의 나이 52세로 한창 일할 나이에 스스로를 잉여인간으로 여긴다.

자연히 이러다 보니 아내와 싸움이 잦아졌다. 아내와의 사이가 점점 멀어졌고 끝내는 별거에 들어갔다. 그리고 1년 후 이혼을 함으로써 돌싱이 되었다. 그의 나이 54세, 그는 하루하루를 버티며 사는 게 너무 힘들다고 친구에게 하소연을 한다. 이럴 줄 알았으면 전처가 시키는 대로 할 걸 그랬다고.

그러나 이미 버스가 지난 간 뒤이다. 그 까짓 개도 안 물어갈 대대장을 지냈다는 체면 때문에 그의 인생은 완전 개떡처럼 되고 말았다.

인간이 시간을 낭비하는 여러 이유는 중 하나가 과거에 매여 시간을 죽이는 것이다. 추억으로나 삼으면 좋을 것을 마치 현실인 것처럼 굴다 보니 그에게 돌아오는 것은 손가락질과 쓸쓸함과 외로움뿐이다.

체면은 절대 밥 먹여주지 않는다. 오히려 그 자신을 패배의 함정에 빠트릴 뿐이다. 특히, 과거에 좋은 직장이나 좋은 자리에 있었던 50대들은 이점을 각별히 유념하기 바란다. 이를 무시하고 박홍규처럼 처신한다면 그 또한 박홍규의 전철을 밟게 될지도 모른다. 아니, 단언하건데 분명 밟게 될 것이다.

현실을 직시하는
눈을 길러야 한다

지혜로운 사람은 현실을 직시하는 눈이 밝다. 하지만 우매한 사람은 현실을 직시하는 눈이 어둡다. 현실을 직시하면 자다가도 떡이 생기지만 그렇지 못하면 자다가도 코가 깨진다.

현실을 정확히 꿰뚫는 눈을 갖게 되면 어떤 상황에서도 자신의 역할을 해내게 됨으로써 집에서나 직장에서나 환영을 받는다. 그러나 체면에 매여 현실을 직시하는 데 문제가 있다면 그만큼 살아가는 데 어려움이 따른다. 그래서 아무 짝에도 쓸모가 없는 불필요한 체면 따위는 쓰레기통에 던져 버려야 한다. 현실을 직시하는 눈을 기르기 위해서는 어떻게 해야 할까.

현실을 직시하는 눈 기르기

01. 현실을 직시하는 눈을 기르기 위해서는 과거에 매이는 일을 절대 삼가야 한다. 과거가 아무리 화려했다 해도 이미 지나간

일이다. 지나간 일에 매이면 현실을 직시하는 데 장애가 된다.
02. 시시각각 변하는 사회적 변화에 대해 적응하는 노력이 필요하다. 변화에 따른 적응능력을 기르는데 있어 현실을 바로 보는 눈은 필수이다. 왜냐하면 현실을 정확하게 판단해야 실수를 줄이고 사회적 변화에 부응하기 때문이다.
03. 손에는 책을 들고 귀는 항상 열어두어야 한다. 보고 들음으로써 아는 것이 많을수록 남보다 앞서 나갈 수 있고, 그로인해 자신이 원하는 것을 얻을 수 있다.
04. 체면에 절대 매여서는 안 된다. 체면은 현실을 직시하는 데 하등에 도움이 되지 않는다. 체면은 능력을 갉아먹는 배추벌레와 같다.
05. 아는 것은 힘이다, 라는 말처럼 배우기에 힘써야 한다. 배움이 깊으면 허튼 짓을 하지 않으므로 현실을 바로 보고 판단하는 데 큰 도움이 된다.

이상 다섯 가지를 마음에 새겨 실천하는 노력이 필요하다. 이를 실행하느냐 못하느냐에 따라 엄청난 결과를 가져오게 된다. 자신이 현실직시적인 사람이 되고 싶다면 체면을 경계하고 현실에 맞게 대처하는 능력을 길러라. 그렇게 될 때 자신이 꿈꾸는 대로 남은 인생을 살아가는 50대가 될 것이다.

TIP_생각의 나무 02

현자는 현실을 정확히 보나 범인凡人은 현실을 반대로 본다. 체면 역시 마찬가지다. 현자는 체면을 멀리 하나 범인은 체면에 매여 하고 싶은 일도 하지 못한다.

인생의 중심축인 50대들은 이점에 각별히 유념해야 한다. 과거의 신분에 매여 체면을 앞세운다면 돌아오는 것은 패배와 절망감뿐이다. 현실을 직시하는 능력이 결핍되었기 때문이다. 현실을 바로 보는 눈을 기르기 위해서는 지금의 나를 정확히 판단할 수 있어야 한다. 지금 내가 무엇을 할 수 있는지, 내가 어떻게 하면 보다 더 잘 해 낼 수 있는지 등을 살필 줄 알아야 한다. 그렇게 될 때 현실을 직시하는 눈을 갖게 됨으로써 어떤 상황에서도 자신이 원하는 것을 실행해 나갈 수 있다.

체면은 현실을 망각하는 일이나, 체면을 버리면 현실을 바로 보는 눈이 밝아진다. 만일 자신이 체면을 중시하는 이유로 자신이 하고 싶은 일을 못하거나 망설인다면 체면의 옷을 벗어버려라. 그렇게 될 때 유익한 삶을 살아가는 50대가 될 것이다.

 ## 03 잘되는 50대,
잘 안 되는 50대

    잘되는 50대는 잘될 만한 이유가 있다. 목표가 뚜렷하며, 의지와 신념이 강하다. 또한 자신이 하는 일에 대해 지식이 풍부하고 실력이 잘 갖추어져 있다. 또 자기 확신이 강하고 자신이 하고자 하는 일에 대한 준비가 철저하다. 이런 조건들이 긍정적으로 작용하여 강한 에너지를 분출하게 함으로써 잘될 수 있는 것이다.

    그러나 이러한 조건을 갖추지 못하고 노력이 받쳐주지 않는다면 그 무슨 일도 해낼 수 없다. 모든 일은 공을 들인 만큼만 받게 된다. 이것이 삶의 법칙이다. 어쩌다 생각지도 못한 뜻밖의 일이 주어질 때가 있다. 이는 단지 요행일 뿐이다. 그런데도 잘 안 되는 50대는 배우고 익히는 일을 등한시 하고, 실력보다도 운을 더 믿는다.

    운이란 생각지도 않게 찾아오는 인생의 반가운 손님일 뿐이다. 하지만 인생의 반가운 손님은 좀처럼 잘 찾아오지 않는다. 그런데 운을 맹신하는 사람들이 있다. 인생의 진리를 알만한 50대들 사이에도 실력보다도 운을 더 믿는 사람들이 있다. 이는 매우 어처구니없는 일이며 비합리적인 일이 아닐 수 없다.

필자는 인생을 살아오면서 가장 좋은 성공비법은 자신의 실력을 기르는 일이라는 것을 알았다. 왜냐하면 실력은 그 사람을 배신하지 않는다는 것을 알았기 때문이다. 성공은 아무 때나 오는 것이 아니며 그만한 실력을 갖췄을 때, 그리고 행운이 따라줄 때에만 찾아오는 인생의 기쁨이다.

프랑스 소설가 드 발자크는 말했다.

"현대에 있어서 행동의 수단은 실력이어야 한다. 가문과 문벌 같은 것은 필요 없다."

발자크의 말은 실력을 충분히 쌓는 것이야 말로 성공하는 데 있어 최적의 조건이며 방법임을 말한다. 잘되는 50대가 되느냐 잘 못되는 50대가 되느냐는 것은 오직 자신에게 달린 문제이다.

50대에 자신의 삶을
바꾼 사람들

인생이란 젊은 시절 잘 나간다고 해서 끝까지 잘 나가는 것도 아니고, 잘 못나간다고 해서 끝까지 못 나가는 것도 아니다. 인생은 언제 어떻게 변할지 모른다. 스스로의 잘못으로 인해 실패를 할 수 있고, 운이 따르지 않아 실패를 할 수도 있다. 이와 반대로 열정을 바쳐 노력을 기울인 끝에 성공하고, 운이 따라줌으로써 성공하는 예도 있다.

그러나 분명한 것은 일의 성패는 운에 기댈 수는 없다는 것이다. 더더욱 분명한 것은 성패는 노력의 여하에 따라 결정된다는 사실이다. 이는 노력이 성패에 미치는 영향이 얼마나 큰지를 단적으로 말해준다. 노력은 재능을 뛰어넘는, 가장 확실한 성공의 키^{Key}이다.

은행 운전기사에서 지점장이 되어 화제가 된 이철희 기업은행 지점장. 그는 어떻게 해서 은행의 꽃이라는 지점장이 될 수 있었을까.

그는 1983년 기업은행 본점 비서실장의 운전기사가 되었다. 그때 나이 24살. 그는 운전기사를 하면서 자신도 은행원이 되었으면 좋겠다는 꿈을 갖게 되었다. 그래서 그가 처음 시도한 것은 별정직 직원이었다. 열관리기능사 자격증을 딴 그는 보일러 담당이 되었다. 그리고 두 번째로 시도한 것이 교통안전관리사 자격증을 취득한 것이다. 그리고 그는 전문대학에 진학해 졸업장을 취득하였다. 그리고 8년 후 그는 5급 정규직 직원이 되었다. 그는 기술계 은행원으로 서무 보조 일을 하며 직원들을 도왔다. 그는 없는 일까지도 만들어 가며 열심히 도왔다. 그러자 그를 좋게 보는 직원들이 많았다. 그러는 가운데 그는 금융자산관리사 등 금융관련 자격증을 9개나 땄다.

2002년 드디어 그는 그렇게 바라던 창구 직원이 되었다. 그의 나이 마흔 셋이었다. 그는 고객확보를 위해 재래시장 상인들을 수시로 만났고, 그의 열정에 감동하여 예금을 하는 고객들이 늘어났다. 그렇게 10년이 지나고 그는 신당동 출장소 소장으로 발령을 받았다. 출장소 소장은 부지점장급이다. 그리고 6개월 후 신당동출장소가 지점으로 승격함에 따라 6개월 만에 지점장으로 승진하였다. 부지점장에서 지점장으로 승진하는 데 통상 4년이 걸린다. 그런데 6개월 만에 지점장이 된 것이다.

그는 50대에 자신이 그토록 바라던 꿈을 이룬 것이다. 그는 간절히 원하고 최선을 다하면 반드시 꿈을 이룬다는 것을 스스로 증명해 보인 긍정과 열정의 마인드 소유자이다.

고졸 판매사원 출신으로 입사 33년 만에 롯데의 여성임원이 된 김희경 롯데마트 서울역점장. 그녀는 이사 대우로 롯데그룹 4번째 여성임원이다. 그녀는 1980년 고등학교를 졸업하고 롯데백화점에 입사해 본점 신사의류판매원으로 일을 시작했다. 이후 그녀는 신사의류 매입팀 바이어를 거쳐 2000년부터 롯데마트 패션팀 바이어로 일했다. 그리고 2005년 강변점장으로 승진해 국내 대형마트 최초의 여성점장이라는 이름도 얻었다. 그리고 수원점장과 잡화팀장을 거쳐 2011년 롯데마트 전국 점포 가운데 매출 2위 매장인 서울역점장으로 발령을 받았다. 그리고 이어 최초의 여성부장이라는 기록도 세웠다. 그녀는 서울역점장으로 근무하며 연매출 2,000천억 원을 돌파하며 능력을 인정받았다. 그로인해 롯데마트 직원에게 수여하는 경영대상을 수상하였는데 이 상은 직원들에게 수여하는 상 중 가장 큰상이다. 그리고 그녀는 여성임원의 자리에 올랐다. 그녀의 나이 51세, 그녀는 50대에 들어 자신의 인생에서 가장 획기적이고 혁신적인 삶을 이뤄냈다.

이철희 지점장과 김희경 이사는 둘 다 가장 밑바닥부터 시작해 누구나 부러워하는 자리에 오르며 50대인 자신의 삶을 활짝 꽃피웠다. 이들이 성공할 수 있었던 것은 남보다 열심히 자신에게 부여된 일을 해냄으로써 인정을 받았기 때문이다. 잘되는 50대는 생각부터가 다르다. 그리고 실천력이 뛰어나고 의지가 강하다. 저절로 잘되는 50대는 어디에도 없다.

잘 안 되는 50대는
대개 요행주의자이다

50대들 중엔 노력은 들이지 않고 가만히 앉아서 잘되기를 바라는 이들이 있다. 그들은 요행주의자들이다. 그런데 문제는 요행은 위험성을 가지고 있는데, 그것은 요행이 맹목적이라는 것이다. 요행에 빠지면 안 되는 걸 빤히 알면서도 노력을 하는 대신 요행에만 매달려 시간을 탕진하고, 재물을 탕진하고, 인생을 탕진한다. 그래놓고 내 인생은 왜 이처럼 되는 게 없을까, 하고 넋두리를 쏟아 놓는다. 그것이 자신의 흉이 되는지도 모르면서 말이다. 하나님은 인간에게 공짜의 삶을 주지 않았다. 노력을 통해서만 자신이 원하는 것을 손에 쥐게 한다.

그런데 노력 없이도 일이 잘된다면 대부분의 사람들은 일을 하는 대신 요행에만 집착해 모든 걸 잃게 될 것이다.

삼성그룹의 CEO 이건희는 요행에 대해 다음과 같이 말했다.

"요행의 유혹에 넘어가지 마라. 요행은 불행의 안내자이다."

그는 우리나라 경제가 발전하는 데 있어 한 축을 담당한 사람이다. 아버지인 이병철의 후광을 업고 등장했지만 그는 자신만의 경영철학으로 삼성을 세계 속의 기업으로 키워냈다. 그의 경영마인드는 일찍부터 글로벌 경영에 초점이 맞춰져 있었고, 철저한 연구와 분석, 완벽한 실행을 통해 오늘의 삼성으로 우뚝 서게 할 수 있었다.

이건희는 요행에 대해 단호하게 말한다. 요행은 불행으로 인도하는 안내자라고.

　중소기업을 하는 유병택은 성실하고 부지런한 사람이다. 그는 맨주먹으로 시작해 중소기업 대표가 되어 그를 아는 많은 사람들에게 아낌없는 찬사를 받았다. 그런데 그처럼 성실하던 그가 해외 골프여행을 다니다 손을 대지 말아야 할 카지노에 발을 들여놓았다. 처음엔 그냥 간단하게 즐기기만 하자고 했는데 돈을 잃게 되자 잃은 돈을 되찾기 위해 하다 보니 점점 빠지게 되었다. 그렇게 정신없이 빠지다보니 회사가 잘될 리가 없었다. 결국 그의 회사는 채권단에게 넘어가고 말았다. 가슴을 치며 후회를 했지만 이미 지나간 일이 되고 말았다.
　젊은 시절 한눈 안 팔고 일에만 몰두하던 그였는데, 그래서 잘 나가는 중소기업 대표가 되었는데 그만 자신의 잘못된 판단으로 모든 것을 잃고 말았다. 힘들이지 않고 돈을 벌 수 있다는 카지노의 함정, 그에게 요행은 따르지 않았다. 그는 아내와 가족으로부터 철저하게 외면을 받았다. 모든 것을 잃은 그는 요행의 노예가 되어 카지노 주변을 떠돌고 있다.

　잘 안 되는 50대는 노력을 쏟는 대신 요행을 바란다. 그런데 요행은 그런 사람을 피해서 간다. 그리고 그에게 엄청난 시련을 안겨준다. 즉, 요행을 바라면 요행으로 망하는 법이다. 세상은 공짜를 바라고 요행이나 바라는 게으르고 나태한 사람을 좋아하지 않는다.
　잘 안 되는 50대가 왜 잘 안 될 수밖에 없는지 잘 알았을 것이다.

자신이 잘되는 50대가 되고 싶다면 요행을 믿지 마라. 또한 게으름과 나태함을 경계하라. 더불어 요행을 믿기 보다는 자신의 노력을 믿는 것이 더 확실한 성공비법이라는 것을 기억하고 실천해야 할 것이다.

잘되는 50대로 살아가기

앞의 두 가지 예에서 보듯 잘되는 50대와 잘 안 되는 50대는 극명하게 차이를 보인다. 그것은 잘되는 50대는 잘되는 일에 몰입하는데 비해 잘 안 되는 50대는 잘 안 되는 일에만 몰두한다.

그렇다면 문제는 간단하다. 잘되는 50대가 되기 위해서는 잘되는 일에 몰입하면 된다. 잘되는 50대가 되기 위해서는 어떻게 해야 할까, 하는 것은 잘 되기를 갈망하는 50대에게 희망을 키워주는 성공의 씨앗이 되어 줄 것이다.

잘되는 50대가 되기 위한 참 좋은 마인드

01. 내 인생에 요행은 없다고 믿어라. 만일 요행이 끊임없이 유혹한다면 당차게 거부하라. 마음이 당차면 요행은 발을 들여놓지 못한다.
02. 자신이 하고자 하는 일에 대해 정보가 풍부하고, 그에 대한 지식을 갖추어야 한다. 지피지기면 백전백승이라는 말이 있듯 잘 아는 자가 승리하는 법이다.
03. 목표를 이루겠다는 열정과 의지가 강해야 한다. 강한 열정과 의지가 목표를 이루게 하는 성공의 포인트이다.

04. 한 번 시작한 일은 어떤 일이 있어도 절대 포기하지 마라.
05. 강한 실천력을 길러라. 일을 성사시키는 것은 강한 실천력이다.
06. 자신과 같은 꿈을 이룬 사람들을 연구하고 공부하는 것도 좋은 방법이다. 그들은 '성공의 거울'과 같기 때문이다.
07. 늘 배우고 공부하는 일에 열심을 다하라. 배움은 현명함을 가르는 최적의 수단이자 방법이다.

잘되는 50대가 되기 위한 참 좋은 마인드에 대해 알아보았다. 누구나 머리로는 알고 있지만, 가슴으로는 알지 못한다. 가슴으로 느낄 때 자신에게 진정으로 충실할 수 있다. 자신에게 충실한다는 것은 자신이 잘될 수 있는 가장 좋은 방법이다. 열정을 다 바치는 자가 결국은 모든 것을 얻게 될 것이다.

TIP_생각의 나무 03

잘되는 50대는 잘되는 생각만 한다. 근면과 성실은 기본이며 허튼 곳에 시간을 낭비하거나 요행을 바라지 않는다. 자신의 열정과 노력을 중요하게 생각하며 실천한다. 또한 게으름을 멀리하고 나태함을 자신의 적으로 간주한다. 잘될 수밖에 없는 조건을 가지고 최선을 다하니 잘될 수밖에 없다.

그러나 잘 안 되는 50대는 안 되는 생각만 한다. 불성실하고 허튼 곳에 기웃거리며 금싸라기 같은 시간을 낭비한다. 나아가 힘들이지 않고 요행이나 바라며 삶을 탕진한다. 게으르고 나태함은 물론 해서는 안 될 일만 골라서 한다. 그러니 어떻게 잘될 수 있단 말인가.

"몸을 아끼지 않고 쓰러질 결심으로 나아가는 사람이 승리를 얻는다."

이는 동양 명언이다. 이 말처럼 몸을 아끼지 않는 50대, 부지런한 50대, 죽을 각오로 나아가는 50대가 자신이 바라는 것을 이뤄낼 수 있다. 잘되는 50대가 되어 남은 인생을 기쁨이 되고 축복이 되게 하는 것, 그것이 참된 행복임을 기억하라.

 ## 자신의 전공을 살려 성취감을 즐겨라

　의술의 발달과 몸에 좋은 영양분의 섭취로 우리나라 사람들의 평균수명은 80세에 이른다. 이처럼 고령화 사회에서의 50대란 시기는 남은 인생을 어떻게 살아야 하는지를 결정짓는 중요한 시기이다. 50대를 잘못 살면 남은 인생이 고달프지만, 체계적이고 안정적으로 살면 남은 인생을 자신이 원하는 대로 살 수 있다.

　우리나라 직장인들이 퇴직하는 시기는 평균 55세라고 한다. 그렇다면 평균수명을 80세로 보았을 때 근 25년을 직장 없이 보내야 한다는 결론이다. 하루이틀도 아니고 30년 가까운 세월을 그냥 보낸다는 것은 자신뿐만 아니라 가정적으로나 사회적으로나 국가적인 차원에서 보았을 때 인력낭비이며 시간낭비이다. 그렇다면 어떻게 해야 하는 지는 명약관화하다.

　우리나라 50대들은 퇴직을 하고나서 자신의 전공을 썩히며 지낸다. 평생 해오던 일을 잘 살릴 수만 있다면 효율적인 인생을 보낼 수 있는데도, 아예 그렇게 살아야겠다는 생각조차 하지 않는 50대들도 있다. 물론 제도적으로 그렇게 할 수 있는 여건이 형성되어 있지 않은 것도 문제다. 하지만 그렇다고 해서 넋놓고 앉아 있는다는 것도 큰 문제다. 아무리 제도적으로 여건이 형성되어 있지 않다고 하더라도 자신의 의지에 따라 얼마든지 할 수도 있다. 우리 사회에는 이를 증명하듯 실천에 옮기는 50대들도 있다. 다만 그 숫자가 많지 않을 뿐이다.

이런 기회를 잡기 위해서는 철저한 준비와 연구, 그리고 꾸준히 공부를 해야 한다. 실력을 갖추고 찾다보면 반드시 기회는 오게 되어 있다. 그렇지 않은 상태에서는 기회가 와도 화중지병과 같다. 기회는 기회를 만들려고 준비하는 이들에게 선택의 기회를 주는 인생의 선물과도 같다.

자신의 전공을 살려라. 탄탄하게 실력을 기르고 찾고 두드리면 문은 반드시 열릴 것이다. 그 기회를 잡는 50대, 그가 진정으로 자신을 사랑하는 사람이다.

자신의 전공을 살려
제2의 인생을 시작하다

하루에도 수많은 50대들이 몸담고 있던 직장에서 사표를 쓰고 나온다. 여기엔 스스로 퇴직을 자원한 명퇴자도 있고, 구조조정에 의해 하루아침에 쫓겨나듯 나오는 이들도 있고, 불미스러운 일로 해고를 당한 이들도 있다.

아직도 대학에 다니는 자녀가 있는 50대들도 많고, 자식들의 혼사문제로 고민하는 50대들도 있고, 아파트 대출금 등 채무로 인해 고민하는 50대들도 있고, 미래가 막막한 50대들도 있다.

그런데 막상 퇴직을 하면 갈 곳이 없다. 하루아침에 끈 떨어진 연과 같은 신세가 되고 만다. 물론 먹고 살만한 재산이 있으면 크게 문제될 게 없지만 이런 50대들은 열 명 중 둘이나 셋 정도에 불과하다. 나머지들은 새로운 무언가를 찾아서 해야만 한다. 돈을 벌기 위해서도 그렇고, 돈을 벌기 위한 것이 아니라 해도 자신의 자아를 실현하기 위해서라도 해야 한다. 사람은 끊임없이 생각하고 움직여야 새로운 에너지가 발생하고, 그러는 가운데 창조적인 삶의 기회를 잡아 생산적인 삶을 살아갈 수 있다.

50대는 인생에 있어 한창때이다. 이런 때에 방구들 지고 앉아 한숨을 쉰다면 그것처럼 처량 맞은 일이 어디 또 있을까. 일어나라. 새로운 미래를 만들어라. 그것이 자신을 사랑하고 가족을 사랑하고 모두를 사랑하는 일이다.

상수는 초등학교 교사였다. 천직으로 여기고 30여 년 동안 몸담아온 학교를 그만 둔 데에는 이유가 있다. 인성을 중요시 하는 그는 아이들에게 공부보다도 사람 됨됨이를 가르치는 것이야 말로 참교육이라는 자신의 교육철학을 실천해 왔다. 그러는 도중 그의 생각과 배치되는 교감, 교장과 마찰을 일으키곤 했다. 그는 가르치는 것이 좋아 교감이 되는 기회도 포기했다. 그런데 50대에 들어 새로 부임한 교장과 갈등이 고조되었다. 학업성적에만 목숨을 거는 교장의 방침은 그에겐 독과 같았던 것이다. 바른 말 잘 하기로 소문난 그가 교장의 강압적인 방침에 목소리를 내지 않을 수 없었다. 그러다 보니 갈등의 골이 깊어졌고 그는 명퇴를 신청하고 학교를 나왔다.

그는 인생 2막을 위해 철저하게 준비를 해 왔다. 시를 쓰는 그는 시 이론과 강좌를 위해 날마다 공부를 해 온 것이다. 그는 곧바로 자신이 강의할 수 있는 곳을 찾아 여기저기 이력서를 넣었다. 그러던 어느 날 도서관에서 진행하는 문학 강좌를 맡게 되었다. 그는 매주 2회씩 하는 강의를 위해 철저하게 강의를 준비하여 그의 강좌는 인기가 많았다. 그는 또 군청과 협의하여 관내에 산재해 있는 명승고적에 관한 책을 쓰기로 하는 등 자신을 바쁘게 만들었다. 그의 하루하루는 매우 생산적이고 창조적이며 열정의 시간이었다. 그러는 동안 책도 발간하였다. 그리고 자신의 시집을 발간하는 즐거움도 누렸다. 그는 교사 때보다 더 보람을 느끼며 지낸다.

그는 자신의 현재에 대해 매우 만족하고 있으며 새로운 꿈에 대해 부풀어 있다. 그가 보여준 다이어리에는 그가 앞으로 할 일이 빼곡하게 메모되어 있었다.

"난 지금 매우 만족합니다. 좀 더 일찍 퇴직을 하지 못한 게 후회가 될 때도 있다니까요."

그는 이렇게 말하며 활짝 웃었다.

전공을 죽이는 것은
자신을 포기하는 것과 같다

50대란 나이는 가정적으로나 사회적으로 막중한 책임을 지는 나이이다. 그만큼 50대는 할 일이 많은 중심세대이다. 그런데도 퇴직을 하고나면 인생 다 끝난 것처럼 구는 이들을 종종 보게 된다. 필자는 그런 50대들을 볼 때 안타까운 마음이 들곤한다. 물론 그들이 자신의 전공이나 그동안 축척한 노하우를 활용할 수 있는 기회를 갖는

데 문제가 따르다 보니 포기를 한 경우도 있을 것이다. 하지만 포기는 금물이다. 포기를 하는 순간 그 어떤 기회가 온다고 하더라도 잡지 못한다. 기회는 자신을 받아들일 준비가 잘되어 있는 자에게 손을 잡아 주기 때문이다.

각 개개인에게 전공은 보석과도 같다. 오랜 기간 축적된 노하우 역시 빛나는 보석이다. 이처럼 소중한 보석을 묵힌다면 그것은 삶을 낭비하는 것일 뿐 아무것도 아니다. 기계를 닦고 조이고 기름을 칠하듯 새로운 것을 배우고 익히고 연마해야 한다. 그렇게 철저하게 준비를 한다면 언제 어디서나 기회를 잡을 수 있는 기회가 올 것이다.

음악대학을 나와 음악교재를 만드는 일을 해온 이창규. 그는 바이올린을 전공하고 시립교향악단을 비롯한 여러 관현악단에 오디션을 보았지만 다 퇴짜를 맞았다. 한두 명의 연주자를 뽑는데 적게는 수십 명, 많게는 수백 명씩 몰려오다보니 연주자로 뽑힌다는 것은 거의 불가능했다. 그는 오케스트라 입단을 포기하고 음악교재 만드는 출판사에서 20년 가까이 일해 왔다. 그리고 50대에 들어서자마자 퇴직을 했다. 퇴직을 하고나서 다른 기술이 없는 그가 새로운 일을 시작하기란 매우 힘들었다. 그가 할 줄 아는 거라고는 바이올린 연주와 음악교재 만드는 것이 전부였다. 그렇다고 힘쓰는 일도 할 수 없고, 택시운전도 그렇고 그가 할 수 있는 일이란 마땅치 않았다. 그는 기술을 배워보려고 했으나 그 또한 쉽지 않았다. 또 그렇다고 학원을 차릴 형편도 아니었다.

그렇게 지내는 동안 점점 자신감을 잃어갔다. 직장생활을 하는 그의 아내를 대신해 집안일을 거들곤 했지만 그 역시 그에겐 맞지 않았다. 그는 방과 후 수업이나 학원 강사를 비롯해 연주단체 등에서 일할 수 있는 기회를 잡을 생각조차 하지 않았다. 집에서도 밖에서도 그가 할 수 있는 일이란 별로 없었다. 그냥 밥을 축내고 시간을 보내는 일 밖엔.

그는 집에서 지내는 동안 만일을 위해 바이올린 연습을 해도 좋으련만 할 생각도 안했다. 그러다 보니 손가락은 굳을 대로 굳었다. 그러던 어느 날 음악 강사를 할 수 있는 기회가 찾아 왔다. 그래서 면접을 하고 연주를 하는 데 매끄럽지 못했다. 결국 그는 강사자리를 다른 사람에게 빼앗기고 말았다. 기회가 찾아 왔지만 준비가 되지 않은 관계로 좋은 기회를 날려버리고 말았다. 그는 짙은 아쉬움에 후회를 했지만 이미 돌이킬 수 없는 일이 되고 말았다.

항상 준비하는 50대가 되어야 한다. 인생의 보석과도 같은 전공이나 노하우를 잘 간직하여 꾸준히 연습을 하면 무시로 기회가 찾아오더라도 능히 해낼 수 있다.

자신의 전공을 죽이는 일은 자신을 포기하는 것과 같다. 자신을 포기하는 사람이 되느냐 아니면 악착같이 일어서는 자가 되느냐는 오직 자신이 해야 할 일이다. 지혜롭고 현명하게 대처하는 50대가 되라.

**자신의 전공을 살려
삶을 즐기는 50대가 되라**

50대란 세대는 퇴직을 가장 많이 하는 세대이며 베이비부머로써 부모를 봉양하고 자식을 가르치는 등 물질적으로나 정신적으로 가장 민감한 세대이다. 이처럼 중요한 시기에 아무 것도 하지 않는다면 가장으로서 또 자식으로서의 책임을 포기하는 거와 같다. 그렇다면 적어도 무책임한 사람은 되지 말아야 하지 않겠는가.

앞에서도 말했듯이 자신의 전공을 살려 제2의 인생을 즐기며 산다면 그것은 자신은 물론 가족들에게 생산적이고 가치 있는 일이 될 것이다. 자신의 전공을 살려 인생을 즐기기 위해서는 어떻게 해야 할까.

전공을 살려 인생을 즐기는 7가지

01. 퇴직으로 인해 인생이 끝난 것은 아니다. 퇴직의 두려움에서 벗어나기 위해서는 퇴직 후를 대비해 자신의 전공과 노하우를 살리는 일에 철저하게 준비하라.
02. 50대를 위해 최소한 40대 중반부터는 책을 손에서 놓지 마라. 책은 인생이 가야 할 길을 환히 비추는 등대와 같다.
03. 비슷한 상황에 놓였으나 극복하고 자신을 즐기며 사는 인생의 선배들에게 조언을 구하라.
04. 철저한 준비과정 없이 남의 말만 듣고 절대 투자하지 마라. 특히, 자신의 전공과 무관한 일에 있어서는 더욱 더 냉정하게 생각해야 한다. 그렇지 않으면 자신을 시베리아벌판에 홀로 내치는 것처럼 어려운 일에 처하게 될지도 모른다.
05. 귀는 열어 놓되 들을 것만 듣고 달콤한 미혹에 빠지지 않게 마음을 굳게 하고 매사를 신중하게 생각하고 생각하라.

06. 긍정의 힘을 믿고 매사를 긍정적으로 생각하라.
07. 마음이 원치 않는 일은 절대 하지 마라. 그것은 마음이 시키지 않는 일이기 때문에 잘못될 확률이 높다.

전공을 살려 인생을 즐기는 7가지에 대해 알아보았다. 물론 이에 대해 잘 알고 있을 지라도 다시 한 번 마음에 새기기 바란다. 잘 알고 있는 사람들도 잘못되는 경우가 많은 것은 자신을 맹신하기 때문이다. 모든 일에 있어 맹신은 절대 금물이다. 돌다리도 두드리며 건너고 생각하고 돌이켜 생각해 본 후 해도 되겠다는 확신이 설 때 시도해도 늦지 않다. 전공을 살려 50대 이후에 삶을 즐기는 당신이 되라.

TIP_생각의 나무 04

퇴직 후에 자신의 전공을 살려 새롭게 인생 2막을 연 사람들은 열에 둘 셋에 불과하다고 한다. 이는 사회적으로도 개인적으로도 큰 손실이 아닐 수 없다. 이에 대한 가장 큰 이유는 우리 사회가 이들을 받아들일 준비가 되어 있지 않기 때문이다. 물론 국가에서 재교육을 실시하고 기술을 배울 수 있는 기회를 제공하고 있다. 그러나 전공을 살려 일할 수 있는 사회적제도가 갖추어져 있지 않아 이런 긍정적인 상황에서도 쉽지 않다.

그렇다면 어떻게 하는 것이 더 현명한 방법일까. 그것은 각 개개인이 자신의 전공이나 노하우를 살릴 수 있는 일에 매진하는 노력이 필요하다. 틈새 전략이라는 말이 있듯 자신에게 맞게 퇴직 전부터 준비를 한다면 그만큼 기회를 잡을 수 있는 확률이 높다. 이를 증명하듯 당당하게 자신의 인생 2막을 살아가는 이들을 종종 보게 된다. 이들은 기회가 주어지길 바라기 전에 자신들이 준비함으로써 기회를 손에 쥘 수 있었다. 자신의 인생을 새롭게 시작하고 싶은 50대들은 철저하게 준비해서 시도하라.

삶을 가치 있게 하는
한 가지 봉사는 꼭 하기

자신과 가족을 제외한 이들을 위해 봉사하며 산다는 것은 인간으로서 매우 가치 있는 일이다. 사람이 사람인 까닭은 타인을 위해 자신의 사랑과 관심을 보여 줌으로써 인간관계를 따뜻하게 함은 물론 삶의 가치를 드높이기 위해서이다. 그런데 자기만 안다면 인간관계가 고립됨은 물론 삶의 가치 또한 떨어질 수밖에 없다.

봉사는 단지 남을 도와주는 개념이 아니다. 그것은 사랑을 나누는 일이며 자신이 행복해지는 일이다. 그런데 사람들은 행복해지는 일에 게을리 한다. 봉사는 자신과는 무관하다고 여기는 것이다. 그리고 봉사하는 사람은 성격적으로 타고난다고 믿는다. 물론 성격적으로 타고나는 예도 있다. 하지만 이는 매우 잘못된 생각이다. 살아오는 동안 봉사라는 걸 모르던 사람들도 어떤 계기로 인해 봉사를 하게 되면 지금까지와는 다른 기분을 느낀다. 그것은 자신의 행복을 위해 노력한 것과는 다른 따뜻하고 뿌듯한 마음이다. 그 기분을 계속 느끼고 싶어 주기적으로 봉사활동을 하는 이들이 있다.

나로 인해 누군가가 행복할 수 있다면, 시련을 극복하고 용기를 얻을 수 있다면, 절망 속에서 희망을 발견할 수 있다면 이것이야말로 금은보화를 손에 쥐는 것보다 행복한 일이다.

미국의 기부문화 1세대라고 불리는 존 데이비슨 록펠러는 자선사업가가 되기 전에는 돈만 아는 사람이라는 비판을 받았다. 그는 더 많은 것을 소유하기 위해 수단과 방법을 가리지 않았다. 소규모 자영업자들의 원성이 자자했다. 그랬던 그가 불치병 진단을 받고 달라지기 시작했다. 어려움에 빠진 소녀를 도와주고 나서 그의 생각은 완전히 달라진 것이다. 돈을 버는 재미가 가장 좋은 줄 알았는데 그게 아니었다. 어려운 사람을 위해 돈을 쓰는 것이 더 자신을 행복하게 한다는 것을 알게 된 것이다. 그 후 그는 본격적으로 자신의 재산을 사회에 환원하고 없는 이들을 위해 아낌없이 후원하였다. 그는 날마다 행복을 느끼며 자신의 삶에 감사했다. 그러자 놀라운 일이 벌어졌다. 곧 죽는다는 그가 병으로부터 해방된 것이다. 그 후 그는 자선사업을 하며 행복하게 살았다. 봉사는 자신이 행복해지는 일이며 삶의 가치를 높이는 아름다운 일이다.

봉사의 진정한 가치는
나와 모두가 행복해지는 것

내 것을 남에게 주었을 때와 남으로부터 받았을 때 어느 쪽이 더 행복한가를 비교한다면 내 것을 남에게 주었을 때가 더 크다고 한다. 왜 그럴까. 내 것을 남에게 주는 것은 내 사랑을 주는 것이지만, 남으로부터 받는 것은 상대방의 사랑을 받는 것이기 때문이다. 물론 받는 것 또한 행복하다. 그런데 행복의 정도가 다르다. 주는 것보다 행복의 크기가 더 작다는 것이다.

 봉사를 함으로써 불만족스런 삶을 극복하고 다른 인생을 사는 이들이 우리 사회에는 심심찮게 있음을 볼 수 있다. 봉사의 진정한 가치는 나와 우리 모두가 함께 행복해지는 것이다.

 남편의 배신으로 하루하루를 힘들게 살아가던 박선영. 그녀에게 남편의 배신은 충격 자체였다. 그녀는 극심한 불면증으로 약을 달고 지냈다. 먹는 것도 부실하다보니 몸도 많이 야위었다.

 그러던 어느 날 친구의 권유로 복지회관에 봉사를 하러 갔다. 부모 없는 아이들을 씻기고 먹이고 동화책을 읽어주는 봉사를 했다. 아이들이 행복해 하는 모습에 말할 수 없는 희열을 느꼈다. 그녀가 지금껏 느꼈던 희열과는 다른 기쁨이었다. 마치 그동안 자신을 괴롭혀왔던 비애감과 고통이 말끔히 가시는 기분이었다. 다음 주가 되자 그녀는 또 다시 봉사를 하러 갔다. 아이들이 자신에게 매달려 재롱을 부리는 통에 즐거움의 세례를 듬뿍 받았다. 집으로 돌아오는 발걸음이 한결 가벼웠다.

 그 후 그녀는 일주일에 한 번씩 봉사활동을 하였다. 몇 달 후 그녀의 몸은 많이 건강해졌다. 그리고 무엇보다 우울증이 사라지고 부정적인 생각에서 벗어나 긍정적으로 생각하게 되었다. 죽도록 미웠던 남편도 용서해 주기로 했다. 용서함으로써 자신의 행복을 더 크게 한다고 믿었던 것이다. 그녀의 달라진 모습에 남편은 자신의 과오를 반성하고 진심으로 그녀에게 용서를 빌었다. 봉사활동은 어두운 마음의 감옥에 갇혀 있던 그녀를 새롭게 거듭나게 했다. 그녀는 3년 넘게 봉사활동을 하며 지금 그 누구보다도 행복하게 살고 있다.

봉사는 내 자신이 행복해지는 아름답고 유쾌하고 즐거운 삶의 기쁨이다.

자신을 돕듯
남을 도와주는 행복

성공하고 싶다면 자신을 돕듯 남을 도와주라는 말이 있다. 이 말은 성공적인 삶을 산 이들의 공통적인 생각이다.

자기계발동기부여가이자 베스트셀러 〈생각하라, 부자가 될 것이다〉의 저자인 나폴레온 힐 또한 책에서 "자기를 돕듯 남을 도우라"고 말했다. 남을 돕는다는 것은 결국 내가 행복해지기 위한 선을 쌓는 행위이다.

우리 사회에는 어려운 형편에도 남을 후원하며 도움으로써 사람들에게 훈훈한 마음을 선물하는 이들이 있다. 그들의 아름다운 행위는 많은 이들에게 꿈을 주고 행복을 심어준다.

울산 현대중공업 현장직 근로자인 박우현 씨. 그는 입사 이후 25년 동안 월급을 쪼개 모은 1억 원을 불우이웃 돕기 성금으로 내놓아 많은 사람들에게 귀감이 되었다. 그는 가난했던 어린 시절 이웃으로부터 고구마 한 개와 밥 한 공기를 얻어먹고 하도 고마워 눈물을 흘렸다고 한다. 그 배고픔의 서러움이 너무도 컸기 때문이다. 그는 '내가 어른이 되면 반드시 고마움을 갚겠다.'고 결심을 했다고 한다. 그리고 그는 자신의 결심을 실천하기 위해 푼푼이 돈을 모았다. 그리고 마침

내 자신의 결심대로 실행한 것이다. 그의 나이 57세. 그는 돈이 가장 많이 필요한 시기인 50대에 자신의 결심을 실행한 것이다.

　보쌈집을 운영하는 최명숙 씨. 그녀는 선천성 간질환을 앓고 있는 보육원 어린이에게 간을 기증하여 깊은 감동을 주었다. 그런데 그녀는 2004년에 이미 자신의 한쪽 신장을 기증한 적이 있다. 뿐만 아니라 자신의 주검까지도 의학 연구목적으로 사용하기로 사후 기증을 서약했다.
　또 그녀는 지체장애인을 위해 일주일에 몇 차례씩 빨래와 배식을 하는 봉사활동을 펼치며 바쁘게 살고 있다.
　누군가를 위해 자신의 몸 일부를 기증한다고 하는 것은 참 어려운 일이다. 그런데 그 일을 두 번씩이나 하고 사후엔 자신의 주검마저 기증을 한다는 것은 아무나 할 수 있는 일이 아니다. 그녀는 참된 사랑의 가치와 삶의 가치를 잘 아는 숭고한 마음을 지닌 아름다운 사람이다.
　그녀 나이 51세. 50대란 나이는 건강에 더욱 신경써야 한다. 그런데 그처럼 할 수 있다는 것은 참으로 대단한 일이다.

　50대에 누군가를 위해 자신의 물질을 나눠주고, 건강을 나눠준다는 것은 결코 쉽지 않은 일이다. 박우현 씨와 최명숙 씨가 보여준 선행은 두고두고 박수를 받아 마땅한 일이다.

50대를 아름답고
가치 있게 사는 법

　50대는 가정에서나 사회적으로 볼 때 그 역할이 가장 중심이 되는 시기이다. 그런데 많은 50대들이 퇴직을 한다. 이들 중엔 여유로운 이들보다는 여유롭지 않은 이들이 몇 배는 더 많다고 한다.

　하지만 이처럼 어렵고 힘든 시기에도 타인을 위해 헌신할 수 있다면 자신은 물론 모두에게 꿈과 희망을 주는 일이다. 그러나 많은 50대들은 이를 실행하지 못한다. 그 이유는 각자 마다 있겠지만, 무엇보다도 마음의 준비가 되지 않았기 때문이다.

　만일 어떤 기회가 주어진다면 봉사활동을 하며 50대를 보람 있게 살아가려고 하는 50대들이 지금보다는 훨씬 많아질 것이다.

50대를 보람 있게 사는 5가지

01. 50대는 자칫 몸과 마음이 약해질 수 있다. 퇴직을 하고나면 홀가분한 마음도 잠시 상실감에 사로잡혀 힘들어 질 수 있기 때문이다. 이때 봉사활동을 펼친다면 상실감을 극복하고 생산적인 삶을 살아가게 된다.

02. 경제적으로 여유가 있는 50대들은(비록 적은 돈이지만 자신이 벌 수 있으면 더 마음의 여유를 갖게 된다) 물질의 일부를 후원하는 것도 자신의 존재감을, 살림은 물론 마음의 여유를 갖고 생활하는 데 큰 도움이 된다.

03. 자신의 재능을 기부하여 활동을 펼친다면 자긍심을 갖고 살아가게 된다. 자긍심은 자신의 기를 살리는 좋은 마인드이다.

04. 혼자 활동하기가 여의치 않으면 친구나 지인들과 함께 하는 것도 좋다. 상대의 장점을 배울 수 있고, 협력함으로써 새로운 에너지를 얻어 자신을 생산적으로 가꿀 수 있다.
05. 기존 봉사단체에 가입하는 것도 좋지만 뜻이 맞는 사람들 끼리 모임을 만든다면 보다 더 생산적인 활동을 통해 보람을 갖게 된다. 이는 맞춤씩 봉사로써 자신에게 유익함을 주는 것은 물론 봉사활동의 효율성을 높일 수 있다.

50대는 자칫 몸과 마음이 느슨해질 수 있다. 퇴직으로 인해 긴장감이 풀려서이다. 이는 자신에게도 가족에게도 사회적으로도 소모적인 삶의 낭비이다. 바쁘면 바쁘게, 여유가 있으면 여유를 갖고 자신에게 잘 맞는 봉사활동을 펼치는 것이 가장 현명한 방법이다.

봉사활동은 누굴 위해서가 아니라 자신의 행복을 위해서 하는 아름다운 삶의 가치이자 인생에 대한 도리이다.

TIP_생각의 나무 05

자신만을 위해 사는 사람과 타인과 사회를 위해 사는 사람의 행복도를 살펴본 결과 타인과 사회를 위해 사는 사람들이 몇 배나 행복도가 높았다. 그 이유는 자신만을 위해 살면 자신만 알게 되어 행복의 보폭을 넓힐 수가 없다. 하지만 타인과 사회를 위해 살면 자신의 가치와 행복도를 끌어올리게 된다.

50대에 퇴직을 하면 한창 일할 수 있는 나이라 상실감이 더욱 크다. 마치 자신이 한 물간 사람처럼 여겨져 고립감을 느끼게 되어 우울증에 걸릴 확률이 높다.

가령, 지금의 50대는 1980년대 50대들보다도 마음도 젊고 육체적으로도 젊다. 한창 일할 수 있는 나이라는 것이다. 그런데 뒷방 늙은이처럼 취급을 받는다고 생각해보라. 여기에서 오는 상실감으로 인해 몸도 마음도 쳐져 비생산적이고 비능률적인 삶의 굴레에 빠져 허덕이게 된다.

50대는 후반기 인생을 새로 시작하는 세대이다. 자신의 밝은 노후를 위해 조금 더 젊고, 조금은 더 생산적으로 살아가야 할 것이다.

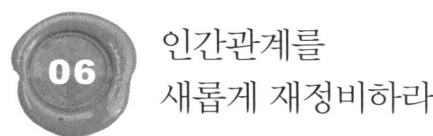

06 인간관계를 새롭게 재정비하라

사람과 책은 오래 될수록 좋다는 옛말이 있다. 그러나 필자는 이 말은 수정되어야 한다고 생각한다.

'책은 오래 될수록 좋지만 사람은 그렇지 않다. 사람은 언제부터 알고 지냈는가가 아니라 나에게 반드시 필요한 사람이냐 아니냐에 따라 결정된다.'

필자가 이 말을 하는 이유는 지천명을 넘기고 머지않아 곧 이순을 바라보는 시점에서 깨달음을 얻었기 때문이다. 물론 이 깨달음은 40대에 진즉에 알았지만 50대 중반을 지나고 보니 더욱 확실해졌다. 지금까지 지내오면서 보니 오래 전부터 흉허물 없이 지내던 사람도 자신의 유익을 위해서는 관계를 쉽게 놓아버리는 이들이 있다. 유익을 쫓아 사는 게 인생이라지만 물질이 사람보다야 더 가치가 있을까. 그런데도 많은 사람들은 물질과 사람 중에 물질을 선택한다고 말한다.

이는 삶에 대한 가치관이 변했기 때문인데, 사람과 사람과의 관계가 사람과 물질로 변질된 것이다. 그만큼 현실이 각박하다는 반증이다. 이럴 때 자신만 인간관계를 중시한다고 해서 상대방 또한 그럴 것이라는 생각은 절대 금물이다. 나는 동쪽을 바라보는데 상대방은 서쪽을 바라보는 식이다. 그러니 어떻게 유기적인 인간관계를 이어 갈 수 있을까. 그런 생각 자체가 고루하게 되어버린 것이다.

취사선택取捨選擇이라는 말이 있다. 취할 것은 취하고 버릴 것은 버린다는 의미이다. 새로운 인생을 펼쳐나가야 하는 시점인 50대엔 인간관계 맺음에 대해 정리할 필요가 있다. 자신과 생각이 잘 안 맞아 관계가 껄끄러운 사람, 삶의 가치관이 맞지 않은 사람, 가까이 하고 싶어도 꺼려지는 사람, 배려심이 없이 자기만 아는 사람, 만나면 분위기를 깨 마음에 상처를 주는 사람은 자신의 인생다이어리에서 깨끗이 정리해야 한다. 이에 대해 혹자는 너무 냉정한 판단이 아니냐고 할지도 모른다. 그러나 그것은 하나만 알고 둘은 모르는 말이다. 새롭게 가는 마당에 정리할 사람은 정리를 하고 가뿐하게 가야 한다. 그래야 앞으로 주어진 시간을 낭비하지 않고, 마음에 상처를 입지 않고, 더 집중해서 더 감사하는 마음으로 살아갈 수 있다.

**인간관계
재정비의 필요성**

아는 사람이 많으면 많을수록 좋다는 말은 반드시 수정되어야 한다. 그 말은 현대사회에서는 신뢰가 가지 않는다. 복잡하고 바쁘고 개인생활의 비중이 커진 현대사회에서 사람을 꼭 많이 알아야 할 필요는 없다. 자신과 마음이 잘 맞는 사람, 자신이 하는 일에 있어 코드가 잘 맞는 사람, 이기적이지 않고 배려심이 많은 사람 등 자신과의 유대관계가 자연스럽고 돈독한 사람 외에는 굳이 자신의 인생라인에 발을 들이게 할 필요는 없다. 그들로 인해 마음에 상처를 입고 삶을 비관하게 될지도 모른다.

  동규는 중소기업을 경영하다 경기침체로 부도가 나는 바람에 경제적으로 많은 어려움을 겪었다. 그로인해 아내와 헤어진 그는 한동안 마음을 잡지 못하고 갈등에 시달렸다. 그런데 더욱 그를 힘들게 한 것은 친구들과 지인 등 평소 가까이 지내오던 사람들이었다. 이들은 동규가 돈이라도 빌려달라고 할까봐 연락을 끊어 버렸다. 그는 사람들의 야박함과 그릇된 행동에 크게 실망하였다. 더구나 그가 친형제처럼 지내던 친구의 변심에 깊은 상처를 받고 한동안 고통 속에서 지냈다. 그는 사람들을 만나는 게 두려웠다. 이번엔 또 누가 상처를 줄까, 하는 생각이 그의 마음을 움츠러들게 했던 것이다. 그때부터 그는 절대로 먼저 연락하지 않았다. 그리고 그는 새로운 사실을 깨달았다. 평소에 친하게 지내지 않은 사람 가운데엔 그가 상황이 좋았을 때나 지금처럼 상황이 나쁠 때나 한결같이 자신을 대하는 사람이 있다는 것을. 그는 그 사람이야말로 진정한 인간미를 갖춘 사람이라고 믿고 그와는 따뜻한 인간관계를 이어가고 있다.

  동규는 정리할 사람, 계속 관계를 이어 갈 사람, 그냥저냥 알고 지낼 사람 등을 분리해서 정리할 사람들은 미련 없이 다 정리하였다. 그는 새로운 사람을 만나면 신중하게 그 사람의 이모저모를 살피고 나서 자신의 인생라인에 둘 것인가를 결정한다. 그의 인생라인에 든 사람은 별로 많지 않지만, 이들 한 사람이면 열 사람, 스무 사람보다도 더 소중히 여긴다. 그만큼 그와는 밀접한 인간관계를 맺고 있는 사람들이다.

동규의 경우에서 보듯 그와 같은 경험을 한 50대들이 많이 있으리라 생각한다. 그리고 동규처럼 인간에 대해 환멸을 느꼈을 것이다. 50대는 인간관계를 새롭게 정립할 필요가 있다. 인생 후반기를 시작하는 마당에 정리할 사람은 깨끗이 정리하고 인간관계를 재정비하라. 새 술은 새 부대에 넣어야 맛이 변하지 않는 법이다.

잘못된 인간관계로
삶을 망친 어느 여자이야기

인간관계가 좋으면 자신의 삶에 긍정적인 영향을 주지만, 인간관계가 좋지 않으면 부정적인 영향으로 삶을 그르치게 된다. 이 세상에서 가장 좋은 대상도 사람이며, 가장 더럽고 나쁜 대상도 사람이다. 사람은 어떤 생각과 행동을 하느냐에 따라 필요한 사람이 되기도 하고 불필요한 사람이 되기도 한다. 사람이란 한마디로 단정지을 수 없는 오묘한 존재이기 때문이다. 그래서 좋은 사람을 곁에 두게 되면 자신 또한 좋은 사람이 될 수 있고, 품행이 좋지 않은 사람을 곁에 두면 자신 또한 그처럼 되고 만다.

근묵자흑近墨者黑 근주자적近仕紫的이라는 말이 있다. 이는 검은 것에 가까이 하면 검게 되고, 붉은 것에 가까이 하면 붉게 된다는 것을 의미한다. 자신의 주변에 어떤 사람을 두느냐 하는 것의 중요함을 이처럼 구체적으로 단정짓는 말이 또 있을까. 이에 대한 이야기이다.

영훈의 아내는 남편과 자식 밖에 모르는 여자였다. 음식 솜씨 좋고, 친절하고 상냥해서 주변사람들로부터 평판이 좋았다. 아이들도 건강하게 잘 커주고 공부도 잘 해 즐겁고 행복한 나날을 보냈다.

그런데 그의 가정에 문제가 생기기 시작했다. 그의 아내가 친구들과 어울리는 시간이 잦아지면서 바깥 출입이 잦아졌다. 한번 외출하면 밤 12시가 다 되어서야 귀가 하였다. 어느 날은 술에 취해서 들어오고, 또 어느 날은 새벽 2~3시가 되어 들어왔다. 그러다보니 집안일에 소홀하게 되었고, 아이들에게도 소홀하였다. 영훈은 집밖에 모르는 남자였다. 그는 아내의 빈자리를 채우며 그녀가 다시 예전처럼 돌아오길 기다렸다. 그러나 그의 아내는 예전의 아내가 아니었다. 자제해 달라는 영훈의 말에 화를 내며 심한 막말까지 해댔다. 아이들은 그런 엄마를 이해하지 못했다. 행복했던 가정이 불행의 늪에 빠진 것이다.

그러던 어느 날 영훈은 우연히 아내가 낯선 남자의 차를 타고 어디론가 가는 것을 목격하였다. 그는 뒤를 쫓을까 하다 그만 두었다. 그것은 아내에 대한 도리가 아니라고 여긴 것이다. 그 날 아내는 귀가 하지 않았다. 뜬눈으로 밤을 세운 영훈은 아침을 지어 아이들을 등교시키고 자신도 출근하였다. 하루 종일 일이 손에 잡히지 않았다. 그의 머릿속엔 온통 이 문제를 어떻게 해야 할 것인가에 대한 생각으로 가득 찼다.

영훈은 퇴근하자마자 집으로 왔지만 집은 텅 비어 있었다. 그의 아내는 3일 후에 귀가하여 그에게 이혼을 요구했다. 너무도 뜻밖의 말에 충격을 받은 그는 어떤 말도 할 수 없었다. 아내를 달래보기도

하고 으름장도 놓았지만, 그녀는 이미 마음이 떠나있었다. 그렇게 6개월이 지나갔다. 6개월 동안 영훈은 아내가 밖으로 나가던 들어오지 않던 내버려두었다. 그러다 지치면 말겠지 했다. 그러나 그의 아내는 집요하게 그를 괴롭혔다. 특히 인격적으로 모독할 땐 참을 수 없는 분노가 일었다. 그의 인내에도 한계가 왔다. 그는 아이들은 자신이 맞는 조건으로 하고 아내와 협의 이혼을 하였다.

 이혼 한지 10년이 다 되었지만 지금도 그때 일을 생각하면 분노가 치민다. 그의 큰 딸은 대학을 마치고 대기업에 취직해 자신의 역할을 잘 하고 있고, 둘째인 아들은 대학교 3학년에 재학 중이다. 영훈은 아이들이 엄마 없이 잘 커준 게 감사해 늘 아이들에게 고마워한다. 아이들 역시 재혼도 하지 않고 자신들을 잘 키워준 아버지를 늘 고맙게 생각한다.

 영훈의 전처가 어울렸던 친구들 중엔 이혼한 여자들이 많다. 이는 잘못된 인간관계가 몰고 온 불행한 결과이다. 영훈의 전처는 몇 번이나 그에게 화해를 청했지만, 그는 받아주지 않았다. 영훈은 이대로도 행복했다. 아이들이 제 짝을 만나 행복하게 사는 것을 보는 게 꿈이다. 그의 나이 56세, 그는 자신을 계발하는 일에 열중하며 오늘도 아이들과 행복한 만남을 꿈꾸며 직장으로 출근한다.

 이 이야기에서처럼 잘못된 인간관계는 자신은 물론 가족에게도 치명적인 아픔을 주게 된다. 당신은 지금 별일 없이 잘 지내고 있는지를 살펴보라. 나는 잘 지내지만 아내나 남편이 그렇지 않다면 영훈이 겪었듯이 당신도 어떻게 될지 모른다. 결혼한 지 20년, 30년

된 부부들의 이혼율이 날로 급증한다는 통계를 보더라도 이를 절대 간과하지 말아야 한다.

버릴 사람은 버리고
취할 사람은 취하라

50대에 주변 사람들로부터 사기를 당하는 일이 많다고 한다. 이는 50대에 퇴직을 하는 관계로 퇴직금을 노려 온갖 감언이설로 사기를 치는 것이다. 50대는 아직은 젊고 건강한 나이이므로 무언가를 하기를 원한다. 그 일은 대개 손쉽게 할 수 있는 프랜차이즈나 음식점 등의 자영업이다. 그러나 너도나도 알아보는 관계로 이 일도 포화상태라고 한다. 그리고 막상 일을 시작한다고 해도 열에 여덟, 아홉은 망한다고 한다. 그래서 일까, 우리주변에는 사업을 벌여 망한 50대들이 많다. 갖고 있던 재산을 다 잃고 난 50대들은 이혼에 내몰리고, 노동판으로 몰리고, 아르바이트나 비정규직으로 내 몰리고 있지만 그것도 경쟁이 치열하다고 한다.

현실이 이렇다 보니 조심 또 조심해야 한다. 자영업은 아무나 하는 게 아니다. 있는 재산을 지키기 위해서는 돈을 예치해 두고 수입이 적더라도 안전하게 일하는 것이 현명하다고 하겠다. 지금 당신의 주머니를 노리는 사람들이 있다는 것을 명심하라. 그들 중엔 당신이 믿을 수 있다고 말하는 친구도 있고, 친지도 있고, 지인도 있다. 또한 늑대의 탈을 쓴 그럴 듯한 일로 당신에게 접근하는 이들도 있음을 명심하라.

취해야 할 사람

01. 상황이 최악으로 변해도 언제나 변함없이 자신을 대하는 사람은 반드시 취하라. 이런 사람은 인생의 보석이다.
02. 말과 행동이 언제나 진지하고 막힘이 없는 사람은 지혜가 있어 내가 어려울 때 빛과 소금 같은 사람이다. 이런 사람은 반드시 곁에 두어라.
03. 어려울 때 힘이 되어주는 사람은 '라이프 뱅크'와 같은 사람이다. 이런 사람은 꼭 곁에 두어야 한다.
04. 무슨 말이든 터놓고 얘기할 수 있는 사람은 마음의 위안을 준다. 이런 사람은 마음을 정화시키기에 좋은 사람이다.

버려야 할 사람

01. 마음이 맞지 않은 사람은 어긋난 톱니바퀴와 같다. 이런 사람은 여차 하면 상처를 주고 피해를 준다. 이런 사람은 버리는 것이 좋다.
02. 상황에 따라 말과 행동이 다른 사람을 경계하라. 이런 사람은 자신의 유익을 위해서라면 어떤 일도 할 수 있는 사람이다.
03. 입이 가볍고 행동이 가벼운 사람을 멀리하라. 이런 사람은 잘못된 말과 행동으로 당신을 난처하게 할지 모른다. 반드시 정리하라.
04. 함부로 말하고 행동하는 사람은 멀리 하라. 이런 사람은 마음의 상처를 밥 먹듯이 주는 사람이다. 반드시 버려야 화(禍)가 없다.

지금 당신의 주변을 돌아보라. 꼭 있어야 할 사람은 누구며, 관계를 끊어야 할 사람이 누구인가를. 그래서 반드시 취해야 할 사람은 취하고, 버려야 할 사람은 버려라. 인생의 50대, 아직도 갈 길이 멀다. 그 길을 지혜롭게 가는 현명한 당신이 되라.

TIP_생각의 나무 06

세상에 사람은 많다. 좋은 사람도 많고 나쁜 사람도 많다. 좋은 사람은 인생의 보석이지만 나쁜 사람은 인생의 짐과 같다.
삶을 성공적으로 살았던 사람들에게는 좋은 사람들이 있었다. 그들은 기쁠 때나 슬플 때, 힘들고 어려울 때 삶의 빛이 되고 소금이 되었다. 이처럼 소중한 인생의 보석은 나를 잘 되게 하는 꿈과 희망의 에너지이다.
그러나 삶을 불행하게 살았던 사람들에게는 나쁜 사람들이 있었다. 그들은 기쁠 때나 슬플 때, 어렵고 힘들 때도 전혀 도움이 되지 않았다. 오히려 더 고통스럽게 하였다. 이처럼 인생의 짐이 되는 사람은 나를 불행의 구렁텅으로 몰아넣는 부정적인 존재이다.
앞으로 남은 인생을 지금보다 더 행복하게 살고 싶다면 자신의 주변사람들을 재정비하라. 취할 사람은 취해서 챙기고, 버려야 할 사람은 미련두지 말고 관계를 끊어버려라. 이러지도 저러지도 못하고 우왕좌왕하는 것처럼 못난 일은 없다. 50대들이여, 유쾌한 당신만의 인생을 살아라.

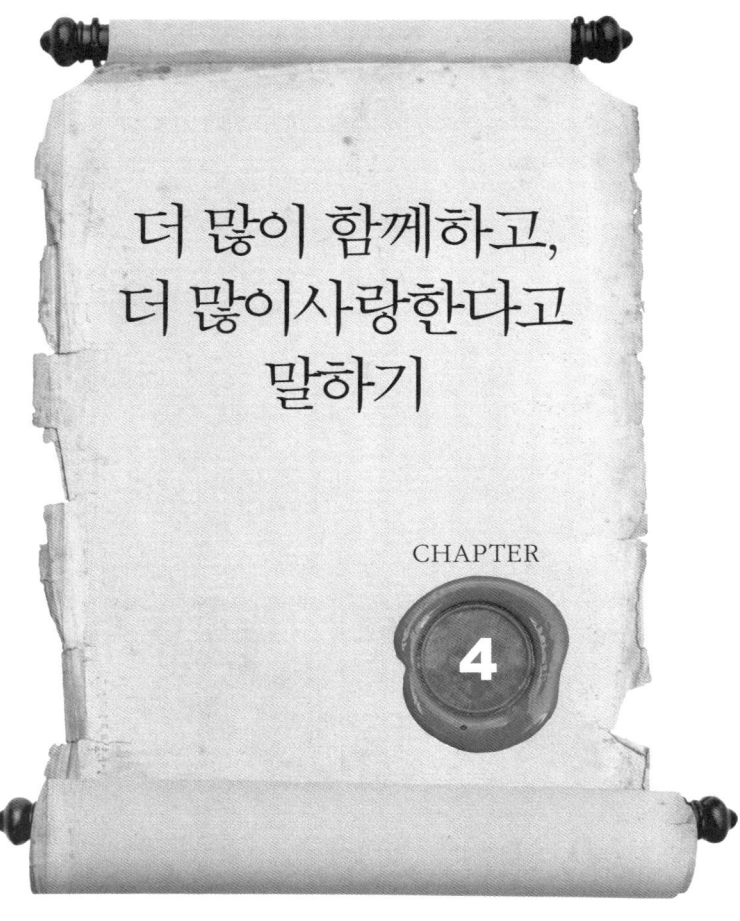

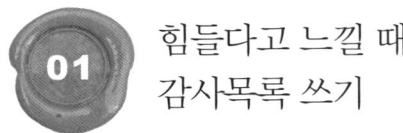 ## 힘들다고 느낄 때 감사목록 쓰기

 인생을 살다보면 생각지도 않은 일로 힘들 때가 많다. 내가 잘못해서 힘들 때도 있고, 가족이나 친구나 친지 등 주변사람들이 힘들게 할 때도 있다. 인생은 기쁨과 슬픔, 행복과 불행이 교차하면서 돌고 도는 인생의 풍차와도 같다. 지금 잘 살고 행복하다고 해서 우쭐거리거나 남에게 상처 주는 일을 삼가야 한다. 어느 날 갑자기 그 모든 것이 달아나 버릴 수도 있다. 이와 마찬가지로 지금은 못살고 불행하다고 해서 기죽거나 우울해 할 필요는 없다. 어느 날 갑자기 생각지도 못한, 주체할 수 없는 기쁨과 행복이 찾아올지도 모른다.
 인생의 앞날을 예측한다면 삶은 재미가 하나도 없을 것이다. 이미 내 인생의 '라이프 프로그램'이 나와 있다면 사는 일은 고통이 될 수도 있다. 특히, 앞으로의 삶이 불행하다고 나와 있는 이들은 더욱 살맛이 없을 것은 자명한 일이다.
 그러나 하나님께서는 감사하게도 인간들에게 그런 예지력은 주지 않았다. 그것은 인간을 나태하게 하고, 무능하게 하고, 불행하게 한다는 것을 잘 아셨기 때문이다. 그렇다면 지금 힘들다고 징징거리지도 말고, 나만 왜 이렇게 힘들게 살아야하느냐고 원망할 필요도 없다. 사람은 누구나 행복할 수도 있고 불행할 수도 있다.

인생을 행복하게 잘살기 위해서는 힘들 때 일수록 감사하고 경건하고 진지하게 삶을 돌아보아야 한다. 그러면 꽉 막힌 것 같은 현실에도 솟아날 구멍이 있다는 것을 발견하게 되어 지혜를 모으고 힘을 모으면 힘든 상황에서 벗어날 수 있다. 하지만 자신에게 또는 가족에게 함부로 하면 자신은 물론 가족도 더욱 불행의 늪으로 빠지게 된다. 그러면 미래는 불투명해지고 희망을 잃게 된다.

미국 여성으로 최고의 성공가도를 달리는 오프라 윈프리는 말했다
"우리 주변에는 감사할 일이 아주 많다. 그것들을 매일 기록해야 한다."

오프라 윈프리의 말엔 감사에 대한 그녀의 생각이 얼마나 긍정적인지를 잘 알 수 있다. 그녀는 사생아로 태어나 14살에 불행한 일을 겪고 아이를 출산했지만 아이는 죽고 만다. 또한 그녀는 부모의 사랑도 받지 못하고 조부모에 의해 길러졌다. 하지만 그녀는 언제나 긍정적이고 낙천적으로 살았다. 그러자 그녀에게 꿈이 찾아왔다. 꿈을 이룬 그녀는 자신이 받은 삶의 축복을 나누며 인생을 최고로 즐기며 행복하게 살고 있다.

오프라 윈프리가 말했듯이 감사할 일들을 기록하며 살아야 한다. 특히, 힘들수록 더 감사하게 살아야 한다.

힘든 일도
인생의 손님이다

손님 중엔 반가운 손님도 있고, 반갑지 않은 불편한 손님도 있다. 마찬가지로 인생에도 반가운 손님이 있고, 반갑지 않은 손님도 있다. 넉넉한 물질과 보석, 높은 자리, 빛나는 명예 등은 반가운 인생의 손님이다. 하지만 슬픔, 고통, 가난 등은 반갑지 않은 짜증나는 손님이다.

그런데 인생의 반가운 손님과 반갑지 않은 손님은 한 번은 반드시 찾아온다. 다만 인생의 손님을 맞을 시기를 잘 모른다는 것인데, 그것 또한 자신이 어떻게 하느냐에 따라 달라진다.

힘든 일을 힘든 일이라고 생각하면 정말 힘든 일이 된다. 하지만 힘든 일을 잘되기 위해 치러야 하는 인생의 미션으로 생각한다면 아무리 힘든 일도 능히 이겨낼 수 있다. 긍정과 부정 중에 생각을 어느 모드에 두느냐에 따라 인생의 결과는 달라진다.

영국 출신 영화감독인 알프레드 히치콕. 그는 〈39계단〉, 〈사보타주〉, 〈사이코〉 등의 스릴러를 만들어 많은 영화팬들로부터 인기를 끌었다. 그 중에서도 〈사이코〉는 단연 최고의 스릴러로 평가를 받는다. 이 영화를 만들었을 때 그의 나이는 51세였다. 그는 힘든 일이 많았지만 고난에게 결코 무릎 꿇지 않았다.

독일 출신 작가로 시실주의 소설의 최고작가로 평가 받는 소설가

폰타네. 그는 자신의 최고 소설인 〈폭풍 앞에서〉를 59세에 썼다. 그는 수위, 비서, 출판사 직원 등 수많은 직업을 전전하는 등 힘들고 고달픈 삶을 살면서도 소설가로서 자신의 이름을 영원히 남기는 명작을 쓰는 꿈을 한 번도 마음에서 떠나보낸 적이 없었다. 그는 힘든 가운데도 자신을 독려하며 열심히 소설을 쓴 끝에 명작을 쓸 수 있었다.

알프레드 히치콕, 폰타네 등은 힘들고 어려운 가운데도 자신에게 주어진 일에 감사하며 최선을 다했다. 그 결과 그들은 자신의 이름을 영원히 남기는 성공한 인생이 되었다.
그런데 삶이 힘들다고 불평이나 하고 대충대충 했다면 어떻게 되었을까. 아마 그들은 자신의 좋은 재능을 썩히며 평생을 불만 속에서 살았을 것이다. 힘들수록 자신의 인생에 감사하라. 그리고 감사하게 생각하는 일을 기록하라. 그러면 더욱 자신의 인생에 감사하게 살게 되는 일이 많아질 것이다.

**감사하는 마음은
긍정의 마음이다**
부정적인 마인드를 가진 사람은 감사한 일이 있어도 감사할 줄도 모른다. '부정'적인 생각의 틀에 갇혀 불평과 불만을 일삼는다. 그러나 긍정적인 마인드를 가진 사람은 매사를 감사하게 생각한다. 그리고 힘든 일까지도 감사한 마음으로 해 나간다. 힘든 일을 이겨내면 반드시 좋은 일이 생길 거라는 희망을 품었기 때문이다.

감사하며 사는 것과 감사하지 않고 사는 것은 엄청난 결과를 가져온다.

경북 산골에서 태어난 고병수는 고등학교를 마치고 부산으로 갔다. 그는 한 서점에 점원으로 취직하였다. 책을 좋아하던 병수에게 서점 일은 힘들었지만 참을 만 했다. 그는 누구에게나 친절하게 대했고, 부지런하고 성실하여 사장 눈에 띠었다. 사장은 그의 성실성을 높이 평가하여 일을 시작한지 2년도 채 안 돼 서점 책임자로 삼았다. 그는 더욱 열심히 일하며 고객들이 즐거운 마음으로 찾아올 수 있도록 서점을 꾸몄다. 그리고 고객들이 편히 책을 읽을 수 있도록 공간을 만들었다. 그러자 서점을 찾는 고개들이 날로 늘어났다. 그가 책임을 맡고 나서 서점의 매출이 50%나 증가하였다. 이에 사장은 그에게 월급을 배로 올려주고 그가 나중에 서점을 내면 도와주기로 약조를 하였다. 그는 10년 동안 서점을 세 배나 키워놓았다.

그는 서른한 살 때 퇴직을 하고 서점을 냈다. 사장은 약조대로 그가 가게를 얻을 수 있도록 퇴직금조로 목돈을 해주었다. 그 돈은 그가 서점을 내는데 큰 도움이 되었다. 그는 부지런함과 성실함, 반짝이는 아이디어로 서점을 키워나갔다. 그렇게 최선을 다하다보니 그의 서점은 날로 발전하였다. 그러는 동안 10년이란 세월이 지났다. 그는 시내 한가운데에 4층짜리 건물을 지었다. 그리고 지하와 1층, 2층은 서점으로 하고 나머지는 세를 주었다. 새롭게 서점을 꾸민 후 그의 서점은 더욱 번창하였다. 그는 58세에 세 개의 빌딩과 여러 군데의 땅을 가진 부자가 되었다. 그는 200억대가 넘는 부자가 되었다. 그는 장학회를 만들어 고등학생들에게 매년 장학금을 지급해 오고 있다. 또한 지역 사회를 위해 활발히 봉사활동을 펼치며 행복한 나날을 보내고 있다.

그가 그렇게 될 수 있었던 것은 매사를 감사하며 살았기 때문이다. 그는 다이어리에 감사 일기를 썼다. 그리고 감사한 마음으로 지역사회를 위해 후원을 하였다. 그러자 그를 아는 사람들의 칭송이 자자했다. 그러니 어떻게 잘되지 않을 수 있을까.

그는 성공비결에 대해 이렇게 말했다.

"나는 다른 건 몰라도 매사를 감사하게 생각하며 살았습니다. 비록 적은 것일 자라도 내가 받은 것 일부를 사회에 되돌려주자고 결심하고는 지금껏 해오고 있습니다. 이게 나의 성공비결이 아닐까 생각합니다."

그는 매사를 감사하며 즐겁게 지내고 있다.

감사는 긍정의 마음이다. 매사를 감사하게 살면 긍정의 에너지가 넘쳐 자신이 하는 일이 잘되게 도와준다.

힘들고 어려울 때
감사목록 쓰기

기록의 즐거움을 아는 사람은 매사를 기록한다. 좋은 일이든, 즐거운 일이든, 나쁜 일이든 기록을 한다는 것은 한 개인에게 있어 삶의 기록이다. 감사목록 쓰기 또한 그런 점에서 매우 중요하다. 특히, 힘들고 어려울 때 감사목록 쓰기는 자신의 삶을 객관적으로 돌아볼 수 있는 기회를 제공해준다. 그래서 힘든 일을 극복하고 긍정적이고 발전적으로 살아가는 데 큰 힘을 얻게 된다.

힘들 때 감사목록 쓰기

01. 힘들 때 가장 생각나는 사람들 이름을 적어본다. 감사한 사람, 사랑하는 사람 등 소중한 사람들을 떠 올리면 힘든 일을 이겨내야겠다는 강한 욕구가 발동한다.
02. 지금까지 자신을 행복하게 했던 것에 대해 감사한 마음을 담아 기록한다.
03. 자신이 건강한 것에 대해 감사한 마음으로 기록하라.
04. 자신에게 꿈이 있음을 감사한 마음으로 기록하라.
05. 힘들고 어려울 때 자신의 마음을 전할 수 있는 친구가 있음에 대해 감사한 마음을 담아 기록하라.
06. 날마다 볼 수 있는 가족에 대한 고마운 마음을 담아 써라.
07. 힘들 때 빚이 없음을 감사하라.
08. 이혼하지 않고 사는 것에 대해 감사한 마음을 담아 기록하라.
09. 날마다 푸른 하늘을 볼 수 있음에 대해 감사하고 기록하라.
10. 나에게 편히 쉴 수 있는 집이 있음을 감사하고 기록하라.
11. 아직도 미래가 있다는 것에 대해 감사한 마음을 담아 기록하라.
12. 아직도 일할 수 있는 직장이 있음을 감사하고 기록하라.

힘들고 어려울 때 감사목록 쓰기에 대해 12가지의 예를 들어 보았다. 이처럼 각자에게 맞는 감사목록을 기록하라. 아주 작고 사소한 것까지도 다 기록하라. 감사목록을 많이 쓴 사람일수록 힘든 일을 극복해낼 가능성이 더 크다. 그것은 그만큼 긍정적인 마인드를 가졌기 때문이다.

혹여, 이에 대해 반론을 제기하는 사람이 있을지도 모른다. 힘든데 무슨 감사목록을 쓰라고 하느냐고 말이다. 그러나 그런 반론 자체가 매우 부정적인 마인드라는 것을 알아야 한다.

힘들 때일수록 감사하라. 한 번도 감사를 잊은 적이 없었던 것처럼.

TIP_생각의 나무 01

인생의 50대에 힘든 일을 만나거나 어려운 일을 겪게 되면 감사한 일에 대해 기록하라. 그것이 비록 작은 일이라 할지라도 감사한 마음을 담아 기록하라. 감사한 마음을 기록한 일이 많을수록 어려운 일을 극복해 낼 가능성이 크다. 감사의 기록들은 긍정과 열정의 에너지가 되어 힘든 일을 이겨내게 한다.

그러나 감사할 줄 모르는 사람은 힘들수록 불평하고, 원망하고, 자신이 힘든 것을 남의 탓으로 돌리려고 한다. 이는 매우 어리석은 행동이다. 그것은 자신을 더욱 힘들게 하는 일이기 때문이다. 불만은 불만을 낳고, 불평은 불평을 낳는다.

50대는 인생에서 가장 고민이 많고, 생각이 많고, 인생의 후반기를 준비하는 시기이다. 그래서 힘든 일이 가장 많은 시기이기도 하다. 힘들 때 더 많이 감사하고, 더 많이 기록하라. 감사의 기록은 축복의 기록이다.

 ## 02 더 많이 함께하고, 더 많이 사랑한다고 말하기

 나이가 들수록 살날은 점점 짧아진다. 초침이 가슴을 두드리며 빠르게 지나간다. 젊었을 때의 한 시간과 오늘의 한 시간은 느낌의 차이가 사뭇 다르다. 젊었을 때는 마치 천 년 만 년 살 것처럼, 시간이 마냥 그대로 있을 것처럼 시간에 대한 개념이 부족하다. 그러다보니 소중한 것들에 대해 소홀히 하는 일이 많다. 또 소중한 사람들도 진정성을 갖고 대하지 않고, 성의 없이 대하기도 한다. 이 모든 것이 젊다는 이유로, 그래서 생각이 부족하다는 이유로 해서 일어나는 일이라고 합리화시키곤 한다.
 그러나 나이가 들면 그러한 합리화 따위는 통하지 않는다. 나이를 먹는다는 것은 단순히 살날이 짧아진다는 것이 아니다. 지금까지와는 다른 좀 더 성숙하고, 자신의 인생에게 부끄럽지 않게 살아야 하는 삶의 무게를 가져야 한다. 이런 삶의 무게는 가정에서도, 직장에서도, 사회적으로도 지켜져야 한다. 여러 삶의 무게 중 사랑에 대해 집중적으로 생각해 보려고 한다.
 가족의 사랑엔 아내와 남편의 사랑, 부모와 자녀간의 사랑, 형제간의 사랑 등이 있다. 그런데 가족 간에 사랑의 친밀도가 점점 희미해지고 있다. 과거의 가족 간의 사랑과는 다른 계산적이고 이기적으로 변하고 있다. 부부 간에 다툼이 늘어나고 그것은 곧바로 이혼으로 이어진다. 부모와 자식 간의 사랑도 물질이 앞서고 보니 가난한 부모는 부끄러운 부모로 마음이 서글프다. 형제자매 간에도 물질로 인해 분란이 생기고 갈라서는 경우가 허다하다. 그런데도 그것을 잘 모른다. 아니, 안다고 해도 개개인의 이기심에 의해 철저하게 무시되고 만다.

50대에 들고 보니 후회하는 일들이 자꾸만 늘어간다. 잘한 일보다 못한 일들이 더 많이 생각난다. 용서를 빌고 참회해야 하는 일들이 많음에 자신에게 조차 부끄럽다. 50대의 시점에서 사랑에 대해 진지하게 고민하고, 재정리를 해 보는 것도 남은 세월을 보다 더 행복하게 보내는 데 큰 도움이 될 것이다.

인간은 사랑을 먹고 사는
사랑의 존재이자 완성이다

인간은 사랑을 먹고 사는 존재이다. 돈이 아무리 산더미처럼 쌓여 있어도, 보석이 아무리 보석함에 가득 들어 있어도, 명예가 푸른 하늘에 깃발처럼 펄럭여도, 권세가 하늘을 찔러도 사랑이 없으면 다 소용이 없다. 사랑이 없는 세상을 생각해 본 적이 있는가. 아마 대개는 생각해 보지 않았을 것이다. 사랑은 누구나 다 하는 것이고, 보편적인 삶의 일부라도 믿기 때문이다. 그러나 사랑이 없다고 생각해보라. 그 생각만으로도 숨이 막히고 살아간다는 것이 하나도 재미없는 무의미한 일처럼 여겨질 것이다. 사랑에 관한 말을 살펴보는 것은 사랑을 이해하고 사랑의 가치를 높이는데 있어 큰 도움이 될 것이다.

"때때로 줄기만이 자라고 꽃이 피지 않는 때가 있다. 또 꽃만 피고 열매가 열리지 않는 때가 있다. 진실이란 것을 알고 있는 사람은 진실을 사랑하고 있다고 말해도 좋다. 그러나 진실을 사랑한다고 해도 사랑함으로써 진실을 행하고 있다고는 말할 수 없는 것이다."

공자

"사랑은 봄에 피는 꽃과 같다. 온갖 것에 희망을 품게 하고 향기로운 향내를 풍기게 한다. 때문에 사랑은 향기조차 없는 메마른 폐허나 오막살이집일지라도 희망을 품게 하고 향기로운 향기를 풍기게 하는 것이다."

플로베르

"사랑이 필요한 사람은 완전한 인간이 아니며 불완전한 인간이야 말로 사랑이 필요하다."

오스카 와일드

공자, 프랑스 소설가 플로베르, 오스카 와일드가 주장한 '사랑의 정의'를 보면 인간에게 있어 사랑이 얼마나 중요하고 필요한 존재인지를 잘 알 것이다.

인간은 사랑을 먹고 사는 사랑의 존재이자 사랑의 완성이다. 그런데 사랑을 가볍게 여기고 함부로 한다면 그것은 자신의 삶에 대한 배신이며 모독이다. 사랑은 하나님이 인간에게 주신 최고의 선물이다.

더 많이 함께하고,
더 많이 사랑한다고 말하기

현명한 사람은 지금의 사랑을 중요시 하나, 어리석은 사람은 사랑이 떠나고 곁에 없을 때에야 비로소 사랑의 소중함을 뼛속 깊이 느끼며 후회한다. 특히 가족 간의 사랑은 50대의 시점에서 다시 한 번 진지하게 생각해 볼 필요가 있다. 황혼 이혼이 점점 늘어나는 요즘, 50대 부부의 사랑은 자칫 원치 않는 길로 빠질 수가 있다. 그만큼 심각성을 안고 있는 시기가 50대이다. 이 시기를 어떻게 보내느냐에 따라 부부의 사랑은 달라진다고 해도 지나침이 없다.

또 자식들은 제 짝을 만나 부모의 곁을 떠나는 시기도 대개 50대이다. 자식들이 제짝을 만나 가정을 꾸리면 품에 끼고 살고 싶어도 살 수 없다. 이처럼 50대란 가족의 사랑에 있어 보다 각별한 시기이다. 이 시기를 잘 보내야 행복한 노년을 보낼 수 있다.

진우는 2년 전 자신의 곁을 영원히 떠나간 아내를 한시도 잊을 수가 없다. 아내의 죽음은 그에게는 지독한 고통이자 슬픔이다. 그는 젊은 시절 바쁘다는 이유로 아내와 아이들과 맘 놓고 여행하며 즐겨 보지 못했다. 시간이 나면 자신 혼자 낚싯대를 끼고, 시간을 보내곤 했다. 아내가 어쩌다 불평이라도 하면 여자가 놀러 다니는 데에만 신경쓴다며 핀잔을 주었다. 그의 아내와 아이들은 남편 없는 아내, 아빠 없는 아이들처럼 마트를 가도, 놀러가도, 언제나 자신들끼리만 함께했다. 늘 그들 가족은 따로 지냈다. 그렇게 세월이 지나고 진우는 퇴직을 하였다. 그의 나이 56세였다.

딸과 아들은 2년 터울로 둘 다 결혼을 하였다. 집에는 진우 부부만이 남았다. 그들 부부가 하루 종일 하는 말이라고는 밥 먹어라, 옷 다려달라, 공과금 내러 갔다 온다는 등의 일상적인 말 뿐이었다. 진우의 아내는 도서관에서 운영하는 프로그램에 참여하는 등 적극적으로 시간을 활용하였다. 반면에 진우는 혼자 낚시를 하러다니며 시간을 보냈다. 젊은 시절 아내와 함께 보내지 못했으면 지금이라도 함께하면 좋을 텐데 그의 주변머리가 변변치 못해 마음으로는 알면서도 실행을 하지 못했다. 그의 아내는 성격탓이려니 하고 진즉에 포기하였지만, 때때로 서운함을 감추지 않았다.

진우가 집에서 보내는 시간이 많아지면서 그의 잔소리는 늘어났고, 그것을 견디지 못한 아내와 자주 트러블이 생겼다. 그러는 중에도 시간은 강물처럼 흘러갔다.

그러던 어느 날 건강검진을 받고 온 아내에게 청천벽력 같은 일이 벌어졌다. 위암 진단을 받은 것이다. 재차 정밀 검진을 받았으나 결과는 마찬가지였다. 하루아침에 집안이 검은 구름이 낀 것처럼 침통했다. 그때서야 진우는 정신이 번쩍 들었다. 그는 모든 시간을 아내를 위해 쏟았다. 아내를 위해 죽도 끓이고, 같이 산책을 하고, 답답해하는 아내를 차에 태워 춘천으로, 속초로, 아내가 가보고 싶어했던 곳을 순례하였다. 그의 아내는 비록 시한부 판정을 받았지만 남편의 뒤늦은 사랑으로 무척 행복해했다. 딸과 아들도 수시로 집으로 와서 엄마와 시간을 보내곤 했다.

그러나 애석하게도 진우의 아내는 개나리, 진달래꽃이 만발하는 날 사랑하는 가족을 남기고 머나먼 길을 떠났다. 그때 누구보다도 애통해 하던 사람은 진우였다. 젊은 시절 아내에게 잘 해주지 못한 게 너무도 한이 되어 가슴을 쥐어뜯으며 통곡했다.

그의 아내가 가고 나서 그는 알았다. 좀 더 잘 해줄 걸, 좀 더 사랑한다고 말할 걸, 좀 더 함께하는 시간을 가질 걸 하고. 그는 아내가 그리운 날은 아내가 잠들어 있는 곳으로 발길을 옮긴다. 그리고 저녁이 다되어 돌아오곤 한다. 그는 주변 친구들에게 말한다. 자신처럼 후회하지 말고 곁에 있을 때 더 많이 사랑하고, 아껴주고, 사랑한다고 말하라고.

러시아의 국민작가 톨스토이는 말했다.
"미래에 있어서의 사랑이란 없다. 사랑이란 오직 현재에 필요한 것이다.
현재에 사랑을 보지 못하는 사람은 사랑이 없는 사람이다."
톨스토이의 말을 보더라도 지금의 사랑이 중요한 것이다. 사람들은 흔히 "나중에 잘 해줄게" 하는 말을 쉽게 하곤 한다. 그러나 이 말은 "지금 잘 해 줄게" 라는 말로 바꾸어야 한다. 진우처럼 아내가 떠나고 난 뒤 후회해 봐야 아무런 소용이 없다.

지금 사랑하고 지금 행복하라

사랑하는 사람을 잃은 사람들의 말을 들어보면 공통점이 있다. 그것은 두고두고 후회를 한다는 것이다. 어떤 이들은 죽고 싶을 만큼 힘들어 한다고도 말한다. 후회가 그만큼 크다는 반증이다.

사람은 똑똑한 존재이지만 한편으로는 어리석은 존재이기도 하다. 후회하지 않기 위해서는 똑똑하게 생각하고 행동해야 한다. 후회하지 않고 행복하게 살기 위해서는 어떻게 해야 할까.

후회하지 않고 사는 10가지

01. 사랑하는 아내에게 혹은 남편에게 하루에 한 번은 사랑한다고 말하기.
02. 사랑하는 가족에게 더 많이 "사랑해!" 하고 말해주기.
03. 사랑하는 사람이 싫어하는 일은 하지 않기.
04. 사랑하는 사람과 되도록이면 함께 하는 시간 많이 갖기.
05. 사랑하는 가족과 더 많이 여행하기.
06. 사랑하는 사람을 더 자주 칭찬하기.
07. 사랑하는 사람 눈에서 눈물 흘리게 하지 않기.
08. 사랑하는 사람에게 자주 선물하기.
09. 사랑하는 사람이 원하는 것은 되도록 들어주기.
10. 사랑하는 사람과 더 자주 밥 먹기.

"한 방울의 사랑은 금화가 가득 찬 주머니보다 가치가 있다."

이는 보델슈빙크가 한 말이다. 사랑의 가치를 함축적으로 잘 보여주는 말이라고 하겠다. 사랑보다 존귀한 것은 없다.

사랑하는 사람들이 당신 곁에 있을 때 더 자주 사랑한다고 말하고, 더 많이 행복하라.

TIP_생각의 나무 02

마음과 마음이 함께 하는 사랑은 달콤하고 아름답지만, 떠나간 사랑은 씁쓸하고 아련하고 고통스럽다. 50대는 몸과 마음이 가장 예민한 시기이다. 노화현상으로 몸의 기능은 급격히 떨어지고, 운동신경은 둔화되어 몸놀림이 둔해진다. 조기 퇴직으로 인해 마음은 위축되고, 자녀들 문제와 노후의 문제로 인해 마음이 편치 않다. 이런 시기에 사랑하는 가족과의 사이가 원만하지 않다면 정신적으로도 육체적으로도 힘들게 된다. 그렇게 되면 건강을 잃을 수도 있고, 삶에 비애를 느껴 불행해질 수도 있다.

행복한 노후를 보내기 위해서는 남편과 아내 사이가 원만해야 한다. 그리고 자녀들과 사이가 좋아야 한다. 가족들과 행복하게 살고 싶다면 더 자주 사랑한다고 말하고, 더 자주 함께 하는 시간을 가져야 하고, 더 자주 밥 먹는 시간을 가져야 한다. 왜냐하면 50대는 민감한 시기이므로 가족 간에 유대관계가 무엇보다 중요하기 때문이다.

 ## 03 자신을 위해 주고, 자신을 격려하기

　자신을 사랑하고 존중하는 사람들은 자신을 함부로 여기지 않는다. 자신을 무시하고 자신에게 함부로 하면 오던 복도 되돌아간다. 잘되는 사람들은 자신을 소중히 여긴다. 그래서 그들은 소중한 자신을 위해 최선을 다한다. 그러다 보니 좋은 결과를 내곤한다. 이에 대해 반론을 제기하는 이들도 있을 것이다. 나는 열심히 했는데도 잘 안 되더라, 그런데 그 무슨 이치에 맞지 않은 얘기를 하냐고. 물론 열심히 해도 잘 안 되는 경우도 많다. 운이 안 따라주는 것도 이유가 되겠고, 또 열심히 했지만 좀 더 노력이 부족했을 수도 있다. 이런 경우는 노력을 멈추지 않는다면 언젠가는 반드시 좋은 결과를 얻는 기회를 갖게 될 것이다.
　50대는 노년을 향해 한 발 들여놓는 세대라고 할 수 있다. 이 시기엔 공연히 우울해지기도 하고, 자신감도 떨어지고, 의욕도 나지 않는다. 그래서 이럴 때 일수록 자신을 위해주고 자신을 격려해야 한다. 자신을 위해주고 격려해주면 최악의 상황에서도 절대 무너지지 않는다. 이에 대해 미국의 정신분석학자 리어리는 이렇게 말했다.

"자기 연민이 있는 사람들은 자신에게 아무리 나쁜 일이 일어나도 스스로를 비하하지 않는다. 실패를 하거나 실수를 할 때마다 자기 자신을 다그치면 닥쳐올 어려운 문제들을 극복할 수 없을 것이다."

리어리의 말에서 보듯 자기를 사랑하는 사람들은 나쁜 상황에 놓이더라도 자신을 함부로 하지 않는다. 그래서 어려운 상황에서도 멋지게 극복하고 좋은 결과를 낳는다. 자신을 사랑하고 격려할 것이냐 아니면 자신을 무시하고 함부로 할 것인지는 본인이 알아서 해야 할 일이다. 자신에 대한 모든 선택은 자신에게 있기 때문이다.

**자신을 위해주는 사람이
자신이 원하는 것을 얻는다**

자신을 위하고 격려하는 사람은 긍정의 에너지를 가졌다. 긍정의 DNA는 부정적인 생각을 밀쳐내고 그 자리에 긍정과 열정의 에너지로 가득 채우게 한다. 그래서 어떤 일을 함에 있어 주저하지 않고, 능동적이고 역동적으로 실행해 나간다. 그러니 어떻게 안 될 수가 있을까. 잘되는 것은 지극히 당연한 일이다.

드라고스 로우아는 자신의 저서 〈오늘의 변화를 이끄는 100가지 마법〉에서 이렇게 말했다.

"사랑하는 이들을 위해, 잊힌 사람들을 위해, 당신이 얻은 모든 재능과 앞으로 가지게 될 재능들을 위해 당신의 인생을 사랑하라. 주변의 빛깔, 아름다운 음악소리 의미 있는 고요함과 다른 사람들과 나누는 모든 것들을 위해 당신의 인생을 사랑하라. 아직 들어보지 못한, 말 못한 모든 이야기를 위해 당신의 인생을 사랑하라."

드라고스 로우아의 말을 한마디로 함축한다면 '인생을 제대로 살고 멋지게 살고 싶다면 자신을 사랑하라' 는 말이다.

불후의 명작 〈쇠를 버르는 사람들〉을 남긴 영국의 세계적인 금속공예가인 제임스 샤플레스. 그는 집이 가난하여 빌려 온 책을 손으로 직접 베껴가며 공부를 하였다. 뿐만 아니라 스스로 힘들고 어려운 일을 맡겨 달라고 대장간 주인에게 부탁했다고 한다. 그는 잠시도 쉬는 일이 없었다. 늘 공부하며 연구하고 일했다. 그 결과 그는 유명한 금속공예가가 되었다. 그가 그처럼 자신에게 철저했던 것은 자신을 위해서이다. 그것이 자신을 잘 되게 하는 일이라는 것을 잘 알았던 것이다.

연기파 배우의 롤 모델인 소피아로렌. 영화 〈두 여인〉으로 아카데미상과 칸영화제에서 여우주연상을 수상한 이탈리아 출생의 영화배우 소피아로렌은 이탈리아에서 태어나 가난한 어린 시절을 보내며 꿈을 키웠다. 그녀의 생활은 가난했지만 그녀의 꿈은 언제나 푸르게 빛났다. 그녀는 자신의 꿈을 이루기 위해 '바다의 여왕' 콘테스트에 출연해 2등으로 뽑혔다.

그녀는 더 큰 무대로 나가기 위해 로마로 진출하였다. 로마로 진출한 그녀는 각고의 노력 끝에 영화에 출연하는 행운을 맞았다. 행운 역시 노력에서 오는 것이니까.

그녀는 머빈 르로이 감독의 영화 〈쿼바디스〉에 엑스트라로 출연하였던 것이다. 비록 엑스트라였지만 그녀는 최선을 다했다. 최선을 다하는 그녀의 열정만큼은 주연배우 못지않았다. 하지만 그녀에게 좀처럼 배역다운 배역이 찾아오지 않았다. 그녀에게 맡겨진 역은 엑스트라가 대부분이었다. 그러나 그녀는 결코 포기하지 않았다. 자신의 혹독한 운명에 맞서, 입술을 깨물고 눈물을 삼키며 독하게 버텼다. 오직 자신의 꿈을 위해 열정만을 불태우고 불태웠다. 그 어떤 일이든 노력 끝에 반드시 기회는 오는 법이다. 드디어 그녀의 운명을 바꿀 절호의 기회가 찾아왔다.

야성적인 에로티시즘 영화인 〈하녀〉에 출연하면서, 그녀의 연기는 빛을 발하며 널리 이름이 알려지게 되었다. 그리고 그 여파로 세계영화의 본고장이라는 할리우드 영화에 진출하였다. 이때부터 그녀의 영화인생은 빛을 뿜어대기 시작했다.

그녀는 〈흑란〉이란 영화로 베니스 영화제에서 최우수 여우상을 수상하고, 그 뒤를 이어 〈두 여인〉이란 영화로 아카데미상과 칸영화제 여우주연상을 수상하는 놀라운 쾌거를 이루어냈다.

소피아로렌은 자신을 너무도 사랑해서 수많은 엑스트라를 하면서도 좌절하지 않았고, 그 어떤 역경 속에서도 희망의 끈을 놓지 않았던 것이다.

제임스 샤플레스와 소피아 로렌은 지독한 가난 속에서도 자신을 사랑하고 격려한 끝에 남보다 늦은 나이지만 크게 성공할 수 있었다. 자신을 위해 사랑하고 격려하라. 그것이 당신이 남은 인생을 멋지게 보내는 비결이다.

자신을 함부로 대하면
후회하는 인생으로 남는다

자신이 인생에 대해 후회하는 사람들의 특징은 자신을 무시하고 함부로 대한다는 것이다.

"나 같은 건 태어나지 말았어야 해."

"뭐 하나 제대로 하는 게 없는 나는 밥버러지야. 내가 생각해도 내가 너무 싫다."

우리 주변에는 이렇게 말하는 사람들을 볼 수 있다. 어떻게 그처럼 자신을 혹독하게 무시하고 경멸할 수 있단 말인가. 다음 이야기는 자신을 무시하고 함부로 여긴 결과 죽음으로써 삶을 마감한 쓸쓸한 인생이야기이다.

평생을 감옥에 들락거리며 살았던 최영철. 그동안 절도와 사기 등으로 이십여 차례나 감옥을 제 집처럼 드나들었던 그는 마흔 중반이 되어서야 가까스로 마음을 잡고 자신을 돌아보게 되었다. 그는 자신이 한 번도 행복한 적이 없다는 것을 알았다. 행복은 자신과는 무관한 먼 나라 사람들의 전유물처럼 여긴 것이다.

평생을 자신을 위해 고생하신 노모를 생각하면 마음이 아팠다. 그는 감옥에서 배운 목공기술이 있어 다행히 취직을 할 수 있었다. 그는 성실하게 일하며, 그동안 험하게 살아온 자신을 스스로 보상이라도 할 것처럼 노력하였다. 그리고 3년 후 그는 지인의 소개로 결혼을 하였다. 아이도 낳았다. 그는 새로운 인생을 사는 게 이처럼 재미있는 일인지 뼈에 사무치도록 느꼈다. 그런데 그에게 악몽 같은 일이 발생하였다.

　어느 날 퇴근 후 집으로 돌아오다 사람들과 시비가 붙었다. 사람들이 그에게 시비를 걸은 것이다. 그는 그 자리를 피하는 게 상책이라 여겨 자신이 가던 길을 계속 걸어갔다. 하지만 사람들이 그를 에워싸고 방해하였다. 이에 격분한 그는 그들 중 한 사람을 향해 주먹을 날렸다. 그의 주먹에 맞은 사람은 코와 얼굴에 상처를 입고 그를 폭력으로 고소하였다. 그는 또 다시 감옥에 갇히는 신세가 되었다. 그가 감옥에 있는 동안 그의 아내는 아이를 그의 어머니에게 맡긴 채 집을 나갔다. 감옥에서 나온 그는 아내를 찾기 위해 온 사방을 헤매고 다녔다. 그러나 그는 아내를 찾을 수 없었다. 그는 또 다시 절망에 빠져 술을 마시고 사람들과 싸우는 등 예전의 그로 돌아가고 말았다.

　그는 어느 날 술에 취해 거리를 헤매다 그만 벼랑 끝으로 굴러 떨어져 죽고 말았다. 한동안 행복을 누리며 살던 그는 자신의 분을 이기지 못하고 자신을 무시하고 함부로 여긴 끝에 인생을 끝내고 말았다. 그의 나이 불과 53세였다. 아이는 노모가 맡아 키우지만 그는 다시는 돌아올 수 없었다.

　한 번 불행에 빠진 그는 잠시 불행에서 벗어났으나 또 다시 불행의 길로 걸어간 끝에 영원히 불행을 남기고 떠났다. 그가 불행으로 인생을 마감한 것은 자신을 무시하고 함부로 여긴 까닭이다. 사람들과의 다툼을 피했더라면 그의 인생은 달라졌을 것이다. 하지만 그는 자신의 성격을 다스리지 못하고 자신을 함부로 학대하며 살다 죽고

만 것이다.

소중한 나를 위해
행복한 내가 되기

"인간의 행복에 대한 권리는 간단하다. 불만에 자기가 속하지 않으면 된다. 어떤 불만으로 해서 자기를 학대하지 않으면 삶은 즐거운 것이다."

이는 러셀이 한 말이다. 백번 옳은 말이다. 사람이 불행하게 되는 여러 가지 원인이 있다. 열심히 살려고 했지만 뜻대로 되지 않은 경우는 어쩔 수 없는 일이다. 이는 자신의 복에 관한 문제로 인위적으로도 어찌할 수 없는 일이다. 그러나 인위적으로 자신 스스로를 불행하게 하는 것은 온전히 자신의 잘못이다. 자신을 스스로 억압하고 무시하고 함부로 대하는 것은 스스로 불행의 무덤을 파는 것과 같다.

그러나 러셀의 말처럼 불만에 자기가 속하지 않으면 되고, 어떤 불만으로 해서 자기를 학대하지 않으면 행복해질 수 있는 길은 많다. 자신을 위해주고 격려하면 반드시 행복한 인생이 될 수 있다.

자신을 위하고 격려하는 10가지

01. 나는 아직도 할 일이 많은 사람이라고 여기고, 자신이 할 수 있는 일을 하기.
02. 나는 행복하게 살 의무와 권리가 있는 사람이라고 생각하고, 행복해지도록 실천하기.
03. 언제나 자신을 소중히 여기고 어떤 상황에서도 무시하지 않기.

04. 언제나 긍정적으로 생각하고, 긍정적으로 행동하기.
05. 언제나 좋은 생각만 하고, 즐겁게 사람들을 대하기.
06. 친절하게 말하고 친절하게 행동하기.
07. 하루에 한 가지씩 사랑하는 사람들을 칭찬하기.
08. 기도로 시작하고 기도로 하루를 마감하기.
09. 잘되는 것도 내 탓 안 되는 것도 내 탓으로 여기기.
10. 아직도 할 수 있는 일이 있다는 것에 대해 날마다 감사하기.

자신을 위하고 격려하는 10가지를 꾸준히 음미하며 마음에 새겨 실천한다면 좀 더 자신에 대해 애정을 갖게 되고, 자신을 위해 최선을 다하게 된다. 그렇게 되면 매사에 긍정의 에너지가 발동하게 되어 행복한 나로 살아가는데 큰 도움이 된다. 그리고 물질이 많아야 자신의 행복을 위하는 일이라고 생각하는 것을 경계해야 한다. 물질도 중요하지만 자신의 마음을 기쁘게 하는 일에서 행복을 구하라. 그러면 물질의 많고 적음을 떠나 스스로 행복을 조절할 수 있어, 가치 있는 자신으로 살아갈 수 있다. 이에 대해 쇼펜하우어는 이렇게 말했다,

"사람들은 자기의 올바른 이성과 양심을 담기에 애쓰는 것보다는 몇 천 배의 제물을 얻는 일에 머리를 쏟다. 그러나 우리의 참된 행복은 자신의 마음속에 있는 소중한 것이지 옆에 있는 물건의 소중한 것이 아니다."

쇼펜하우어의 말을 마음에 담아 자신이 흔들릴 때마다 음미한다면, 더욱 자신을 위하고 격려하며 스스로를 사랑함으로써 50대의 삶을 활기차게 살아가게 될 것이다.

TIP_생각의 나무 03

자신을 사랑하고 존중하는 사람은 생각자체가 매우 긍정적이다. 매사를 낙관적으로 생각하고 막힘이 없다. 그러나 자신을 무시하고 함부로 대하는 사람은 매사를 부정적으로 생각하고 두려워한다.

자신을 사랑하고 존중하기 위해서는 자신을 위해주고 격려하면 된다. 같은 말도 좋게 말하고, 같은 생각도 더 좋게 하라. 자신을 행복하게 하는 일에 열중하고, 아직도 할 수 있는 일이 있다는 것에 대해 날마다 감사하라. 만나는 사람에게 친절하게 말하고 행동하면, 더 큰 친절이 되어 자신에게 돌아온다.

행복한 사람은 불만에 사로잡히지 아니하며, 남의 불행을 기뻐하지 아니하며, 남의 흉허물을 들춰내지 아니하며, 행복한 일만 생각하며 노력하고 힘쓴다. 행복은 행복의 가치를 아는 사람에게 따뜻한 미소로 다가간다. 충만하고 행복한 내가 되는 길은 오직 자신을 위해주고 격려하는 일에 최선을 다하는 것이다.

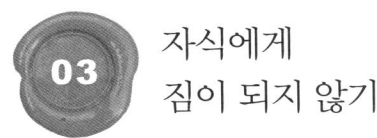 자식에게
짐이 되지 않기

　50대들 중엔 뜻밖에도 자신의 노후를 자식들에게 의탁하려는 이들이 의외로 많다는 설문조사를 본 적이 있다. 필자와 같은 50대들 중에 그런 생각을 갖고 있는 사람들이 달리 보였다. 과거의 부모 세대들이나 갖고 있던 생각을 답습한다고 생각하니 철저하게 유교관념에 빠져있다는 생각을 떨쳐버릴 수가 없었다.
　"힘들게 먹이고, 입히고, 가르쳐서 결혼시켜주었으면 당연히 부모 봉양을 해야지요. 뼈 빠지게 고생해서 자식 키운 보람이 없다면 누가 힘들게 자식을 키우겠어요."
　언젠가 강연을 할 때 50대의 여성이 내게 했던 말이다. 그때 그녀의 말에 동조하는 50대들이 의외로 많다는 데에 적이 놀랐었다. 그때 필자는 웃으면서 이렇게 말했다.
　"나는 다른 생각을 갖고 있습니다. 자식이란 낳은 이상 먹이고, 입히고, 가르치는 것은 마땅히 해야 할 일입니다. 훗날 자식에게 보상을 받아야겠다는 생각은 한 번도 해본 적이 없습니다. 자식들에게 보상을 받겠다는 생각을 떠나 대학만 마치면 스스로 벌어 결혼하라고 했습니다. 그리고 노후는 스스로 책임을 지기로 했지요. 그러니 더는 손을 벌리지 말라고 단단히 일러두어 아이들도 그렇게 하는 걸로 알고 있습니다. 내 생각과 다른 분들에겐 조금 거슬릴 수도 있을 겁니다."

필자가 말을 마치자 이에 대해 동조하는 이들도 많았다. 이처럼 사람들의 생각은 각 개개인마다 다르다. 그러나 필자는 분명히 말해두고 싶다. 아이들의 문제는 아이들에게, 부모의 문제는 부모들이 해결하는 것이 옳은 방법이라고.

자식들에게 짐이 되지 않는 부모가 되어야 한다. 현명한 50대가 되느냐 아니냐는 본인이 결정해야 할 문제다.

자식을 소유하려 하지 말고
한사람의 인격체로 대하라

"내가 널 어떻게 키웠는데, 나한테 이럴 수 있니?"

하고 고래고래 소리를 높여 자식을 훈계하는 것을 본 적이 있다. 필자는 같은 부모의 입장에서 듣기가 매우 거북했다. 자식에게 길러준 보답을 받으려고 하는 것 같아 심기가 매우 불편했기 때문이다.

자식은 부모의 소유물이 아니다. 한 사람의 인격체이다. 그런데 길러준 대가로 네가 나를 봉양해야 한다는 것은, 같은 부모로서 부끄러운 마음이 드는 것은 왜일까. 그것은 당연한 일을 마치 조건부로 여기는 것 같은 생각이 들어서이다. 자식은 물건이 아니다. 생각하는 존재이다. 절대 자식을 소유하려고 하지 마라. 소유하는 순간 자식은 당신을 멀리 할지도 모른다.

어느 날 지인이 전화를 걸어 하고 싶은 말이 있으니 저녁이나 하자고 했다. 필자는 흔쾌히 말하고는 약속장소로 갔다. 그는 이미 와서 기다리고 있었다. 그의 표정으로 보아 속상한 일이 있는 게 분명했다. 이런저런 얘기를 하며 저녁을 먹었다.

그런데 저녁을 먹고 나자 그는 소주 두 잔을 연달아 마시고는 말했다.

"자식새끼 키워 놨더니 다 소용이 없더라구요."

"무슨 일이 있습니까?"

"아 글쎄, 우리 영준이 녀석이 날보고 하는 말이 자신에게 의지할 생각 말라고 하더군요. 어찌나 화가 나는지 마시던 커피 잔을 내동댕이치고 말았지요. 그런데도 아들 녀석은 빈 말이라도 '아버지 제가 잘못했습니다' 라는 말을 하지 않더군요. 어찌나 속이 상하던지 집에 있으려니 천불이 나서 하소연이라도 하면 마음이 풀릴 것 같아 뵙자고 했습니다."

그는 이렇게 말하면서도 화가 나는지 두 주먹을 불끈 쥐었다. 나는 빙그레 웃으며 말했다.

"속이 상할 만도 하십니다. 기대가 큰 아들이 그랬으니."

"내가 지를 어떻게 키웠는데, 괘씸한 녀석 같으니라고."

그는 이렇게 말하며 물을 들이켰다.

"요즘 애들은 우리 때와는 달라요. 그래서 나는 애들이 어렸을 때부터 입버릇처럼 말했지요. '아빠가 대학은 마치게 해주겠지만, 그 이상은 너희들이 알아서 해. 그리고 아빠가 늙어 너희들이 같이 살자고 해도 안 살 거야. 너희들은 너희에게 맞게 재미있게 살아. 아빠는 아빠 방식대로 살 거니까.' 그래 놓고 나니 나도 그렇고 애들도 그렇고 지금은 당연하게 생각합니다. 그러니 그런 문제로 화나는 일도 없고, 속상한 일도 없습니다."

필자는 필자의 입장을 말해주었다.

"김 선생님은 정말 그렇게 하실 겁니까?"

"물론입니다. 서로 각자에 맞게 사는 게 좋다고 봅니다. 보고 싶을 땐 만나서 밥도 먹고, 놀러가고 싶을 땐 같이 가면 되니까요. 굳이 한 집에서 살 필요가 있을까요?"

필자는 그의 입장을 생각해 차분하게 웃으며 말했다. 그는 잠시 무언가를 생각하더니 입을 열었다.

"말씀을 듣고 보니 나도 생각을 다시 한 번 해봐야겠네요. 김 선생님에게 털어놓고 나니 속은 후련하네요."

이렇게 말하는 그의 표정은 조금 전과는 달리 한결 밝아졌.

그리고 몇 달 후 그를 만났는데 자신도 따로 살기로 했다고 말했다. 필자는 빙그레 웃으며 잘 했다고 말해주었다. 그는 막상 그렇게 결정을 하고 나니까, 오히려 마음이 편하다고 했다.

지인의 경우처럼 자식을 소유하려고 하면 문제가 불거지는 경우가 종종 있다. 그래서 "내가 널 어떻게 키웠는데" 하는 말은 되도록 이면 하지 않는 게 좋다. 그건 부모로서의 의무를 합리화하려는 것에 불가할뿐 아무 것도 아닌 말이다. 아직도 자식을 소유물로 여긴다면 이런 생각은 쓰레기통에다 버려야 한다. 그것이 현대의 50대들이 가져야 할 마음자세이다.

**자식의 삶을 인정하고
자신의 생각대로 살아라**

　친구 중에 P가 있다. 그는 대기업을 다니다 퇴직을 하고 작은 회사를 차렸다. 워낙 부지런하고 성실한 사람이라 회사를 차린지 3년 만에 탄탄하게 자리를 잡았다. 56평형 아파트에 살고, 시골에 멋진 별장도 있다. 여기저기 땅도 꽤 있다. 그야말로 알짜배기 부자다. 그는 아무리 경기가 좋아도 무리하게 사업을 확장하려는 마음을 갖지 않고 안전위주로 회사를 경영하였다.

　그러던 어느 날 그의 아들이 결혼을 하였다. 결혼을 한 그의 아들은 친구내외와 한 집에서 살겠다고 했다. 그래서 친구는 "네 뜻은 잘 알겠지만, 부부끼리 살기로 했으니 너희들도 홀가분하게 살라"고 말했다. 아들 내외는 몇 번 권유하더니 그의 참뜻을 이해하고 받아들여 잘 살고 있다.

　친구의 아들이 부모를 모시겠다는 것은 두 가지 의미로 생각해볼 수 있다. 첫째는 아버지의 재산을 보고 그랬을 수도 있고, 둘째는 그의 아들이 워낙 부모를 위하는 마음이 뛰어나서 일 수도 있다.

　부모를 생각하는 마음이 뛰어나면 좋은 일이겠으나, 재산 때문에 마음에도 없는 부모를 모시겠다는 것은 문제가 심각할 수도 있다. 그것은 옳지 못한 일이기 때문이다. 마음에서 우러나야 진정성을 갖고 부모를 모실 수 있는 것이다.

　친구 P의 부부는 연애하는 마음으로 산다고 종종 농담을 하기도 한다. 그런데 그 모습이 무척이나 행복해 보이고 자연스러워 보인다. 만일 그의 부부가 자식과 같이 산다면 그처럼 행복하진 않을 것 같다.

 아이들은 아이들 부부끼리 살게 하고, 자신들은 자신들끼리 즐기며 사는 것이 더더욱 부모자식간의 간격을 좁힐 수 있는 길이다.

 "행복한 가정의 모습은 다들 서로 비슷하다. 그러나 불행한 가정은 제각기 불행의 모습이 다르다."
 톨스토이가 한 말이다. 톨스토이는 아내와의 불화로 말년에 시골 간이역에서 객사를 하였다. 평소에 이런 말을 했던 그가 자신의 말대로 불행하게 삶을 마감한 것이다. 그러나 국민들은 그를 위대한 작가로 받들고 그의 마지막 가는 길을 대대적으로 추모하였다.
 부모자식 간에 서로를 인정하고 산다면 서로가 행복하지만, 서로를 간섭한다면 톨스토이의 말처럼 서로가 불행해질 것이다.
 현명한 50대가 되느냐 고리타분한 50대가 되느냐, 그것이 문제로다. 올바른 선택을 하는 당신이 되라.

**자식에게 짐이 되지 말고
끝까지 힘이 되어주기**

 자식들의 존경을 받는 부모가 된다는 것은 그 어떤 것보다 행복한 일이다. 존경받기 위해 애쓰는 부모는 없을 것이다. 다만 부모로서의 책임과 의무를 다 하다보면 자식들의 존경을 받게 된다. 50대들이여, 당신은 지금 당신의 자식들에게 존경받는다고 생각하는지 묻고 싶다. 이 시점에서 이에 대해 한 번 곰곰이 생각해보라.
 필자 역시 이 물음에 대해 지금껏 살아오는 동안 아이들에게 물어

본 적이 없다. 부자 아버지도 아니고, 사회적으로 중요한 위치에 있지도 않고, 아이들에게 다른 부모보다 특별히 잘 해 준 것도 별로 없다. 필자는 여러모로 부족한 점이 많은 아버지라고 스스로를 생각해 왔다.

그런데 2013년 어느 봄날 아이들과 만나 즐거운 시간을 보내던 중 큰 아이가 대뜸 "저는 아버지를 존경합니다. 저는 작가이신 아버지가 자랑스럽습니다." 하고 말하는 게 아닌가. 순간 필자는 뿌듯한 기분이 들었다. 생각지도 못한 말을 들었기 때문이다. 나는 그때 얼마나 행복했는지 모른다. 딸아이도 "아빠가 최고야!" 라고 말할 땐 그 어떤 선물을 받은 것보다도 뿌듯했다. 나는 아이들이 그렇게 생각하리라고는 꿈에도 몰랐다. 늘 부족한 아버지라고 여겼기에 존경한다는 말은 고사하고 아버지가 참 좋다, 는 말 조차 듣지 못할 거라고 생각했다. 그러나 아이들의 생각은 그게 아니었던 것이다.

나는 아이들이 처음 아르바이트를 해서 선물한 것을 지금도 가지고 있다. 큰 아이는 대학 1학년 겨울 방학 때 아르바이트하고 속옷 선물을 했었는데, 12년이 지난 지금도 깨끗이 빨아서 간직하고 있다. 둘째인 딸아이는 화장품 세트를 선물했다. 나는 화장품을 사용하고 나서 빈 화장품 용기라도 버릴 수가 없어 그것 역시 간직하고 있다. 아이들이 어쩌다 용돈이라도 주면 그것을 쓸 수 없어 아이들 앞으로 저금을 해 놓았다. 나중에 그대로 돌려 줄 참이다. 아이들이 힘들여 번 돈을 도저히 쓸 수가 없었다. 자식이란 부모 목숨보다 소중한 존재다. 나는 아이들이 자신이 좋아하는 일을 하면서 인생을 행복하게 살길을 바란다. 부모에게 매여 하고 싶은 일을 하는데 조금도 지장을 주고 싶지 않다. 지금도 하나의 독립된 인격체로서 대해주고 있고, 내가 호호백발이 되어서도 이 생각은 변치 않을 것이다.

자식에게 짐이 되지 않는 7가지

01. 죽기 전까지는 자식에게 전 재산을 물려주지 마라. 그러면 자연히 자식에게 의존하지 않게 된다.
02. 자식을 하나의 인격체로 대해라. 그러면 나의 소유라는 생각이 대신 한 사람의 독립된 인격체로 대하게 된다.
03. 몸을 건강하게 단련해 아이들의 걱정을 끼치지 않도록 노력하기.
04. 따로 떨어져 사는 경우 작은 일에도 아이들에게 전화를 해 아이들이 놀라게 하지 않기.
05. 남의 자식과 비교하여 마음을 불편하게 하지 않기.
06. 자식이 힘 빠지는 말은 가급적이면 하지 않기.
07. 노후에 자식과 굳이 살려고 하지 말고, 서로 편하게 사는 게 좋다. 그 대신 정기적으로 만나 즐거운 시간을 가지면 부모와 자식 간의 사랑이 더욱 돈독해진다.

현대사회는 변화의 속도가 빠르다. 어제와 오늘이 현격한 차이를 보인다. 부모자식 간에도 시대의 흐름에 맞게 맞춰야 탈이 없다. 과거의 부모들이 했던 것처럼 자식들에게 바란다는 것은 자식에겐 무거운 짐을 지게 하는 것과 같다. 사회적인 변화를 쫓아 사는 것도 현명한 방법일 수 있다.

50대들여, 과거 우리의 부모세대가 했던 것처럼 하지 마라. 그것은 자신들도 자식들에게도 상처가 될 수 있음을 깊이 인식해야 할 것이다.

TIP_생각의 나무 04

결혼을 하고 자식을 낳아 기르는 것은 자연의 섭리에 따르는 일이다. 그런데 노후에 자식들에게 보상 받기 위해 자식을 먹이고, 입히고, 가르친다는 생각은 버려야 한다. 그렇지 않으면 자식을 소유하려는 생각에 서로를 힘들게 할 수 있다.

특히, 노년기의 첫 관문을 진입하는 시기인 50대들은 이 점에 있어 좀 더 합리적으로 생각하고 유연하게 대처했으면 한다. 50대들 중엔 노후에 자식과 함께 살아야 한다는 이들이 의외로 많다. 그리고 그 이유에 대해 먹이고, 입히고, 가르쳤으니 노후에 보상을 받아야 한다는 것이다. 과거 부모 세대에서는 그렇게 하는 게 자식의 도리고, 사회적으로 볼 때도 사회적 통념이었다. 그러나 지금은 과거와는 다르다. 모두가 바쁘게 산다. 맞벌이 부부들도 많다. 그러다보니 피곤하다. 그런데 부모와 함께 살면 맘대로 쉬지도 못한다. 이런 것들이 쌓이다보면 가정에 위기가 온다. 세월은 변했으며 더욱 변해갈 것이다. 과거의 관습에 매인 생각을 바꾸어라. 그것이 현명한 삶에 지혜이다.

 ## 04 멋지고 품위 있게 늙어가기

　나이가 들면 품위를 지켜오던 사람들까지 변하는 것을 종종 본다. 세월이 사람들의 몸과 마음을 느슨하게 만든 것이다. 그러나 그것보다는 본인이 자신을 그렇게 만든 이유가 더 크다.
　사람은 나이를 먹어갈 수록 더욱 멋지고 품위가 있어야 한다. 나이가 들면 피부는 탄력이 떨어져 쭈글쭈글 해지고, 기억력도 떨어져 방금 둔 것도 어디다 두었는지 가물가물 거린다. 또한 순발력은 떨어지고, 판단력도 흐려진다. 말수가 적던 사람도 공연히 말이 많아지고, 주변사람들에 대한 의식도 둔화되어 창피한 일도 곧잘 하곤 한다. 예를 들어 식당과 유원지 등 사람들이 많이 모이는 공공장소에서 시끄럽게 구는 사람들은 여지없이 나이 든 사람들이다. 누가 보거나 말거나 자신들이 하고 싶은 대로 떠들고 행동한다. 물론 다 그러는 것은 아니다. 안 그러는 사람들보다 그러는 사람들이 더 많다는 얘기다.
　그리고 우습게도 혼자 있을 땐 그렇게도 품위를 지키려고 하던 사람도 여럿이 어울리면 평상시의 모습은 온데간데 없다. 그러다 보니 사람은 나이가 들면 애가 된다, 는 말이 있을 정도다. 생각해보라.

아이들은 즉흥적이고 감각적이다. 멋지고 품위 있는 말과 행동이 무엇인지조차 모른다.

멋지고 품위 있게 늙어간다는 것은 삶의 이치와 자연의 이치를 깊이 알아가는 것이며, 젊은 세대들에게 인생의 빛이 되어주는 아름다운 행위이다.

"멋지게 나이 든다는 것은 세월의 흐름에 따라 나타나는 진짜 변화를 자연스럽게 받아들이는 것이다. 물론 이 변화에는 우리들이 얼을 기회를 깨닫고 이에 감사하는 것도 포함된다."

이는 〈하버드대 52주 행복연습〉의 저자이자 긍정심리학교수인 탈벤 사하르가 한 말이다. 나이 50을 일러 지천명이라고 한다. 이는 하늘을 뜻을 안다는 말로 50년 인생을 살아오자면 많은 사람들을 만나게 되고 좋은 일, 기쁜 일, 나쁜 일, 슬픈 일 등 수많은 경험을 한다. 성공을 하기도 하고 실패를 하기도 한다. 인생 50은 그냥 되는 것이 아니라 많은 시행착오를 거치며 되는 것이다. 50대를 살고 있는 지금, 내가 하고 싶은 글쓰기를 하며 먹고, 즐기며 몸 건강하게 지내는 것이 참 감사하다.

사람마다 조금씩 생각의 차이는 있겠지만 어쨌든 인생은 아름답고 숭고한 것이다. 아름다운 마무리를 잘 하는 것이야말로 자신의 인생에게 부끄럽지 않은 일이다.

좀 더 멋지고
품위있게 나이 들기

언젠가 길을 가다 신나고 경쾌한 음악 소리에 발길을 돌려 소리나는 쪽으로 간 적이 있다. 발길이 멈춘 곳에 많은 사람들이 모여 연주를 듣고 있었다. 그런데 필자를 더욱 놀라게 한 것은 연주하는 이들이 평균 70세가 다 된 할머니 할아버지들이었다. 머리가 하얀 할아버지, 반은 검고 반은 하얀 할아버지 할머니들의 모습이 그처럼 멋져 보일 수가 없었다. 연주가 끝날 때마다 필자도 사람들도 손바닥이 아플 만큼 박수를 쳐 주었다.

　실버연주단은 매주 연주를 하러 다닌다고 한다. 그들이 찾아가는 곳은 양로원, 노인대학, 보육원 등 주로 소외 계층이란다. 또 가끔은 사람들이 많은 공원이나 거리에서 연주를 한단다. 그리고 자신들을 초청해주는 곳은 어디든지 달려간다고 했다.

　실버연주단 단장은 나이가 76세인 할아버지인데 백발에 검은 선글라스가 그렇게나 잘 어울릴 수가 없다. 그는 군대시절 군악대에서 활동했고, 군을 제대한 후엔 음악교사를 했다고 한다. 그는 나이 들어 자신이 가진 재능을 보람 있는 곳에 쓰고 싶었다고 한다. 그래서 생각한 것이 실버연주단을 만드는 것이었다. 그는 자신의 생각을 사람들에게 말했고, 소문을 들은 뜻있는 사람들이 연락을 해와 모임이 결성되었다고 했다.

　실버연주단은 자신들의 건강이 허락하는 데까진 연주활동을 할 생각이라고 말해 아낌없는 박수를 받았다.

　2013년 1월 미국 LA에서 보낸 메일을 받았다. 메일을 보내는 이는 미국 LA에서 〈LIFE BASICS〉라는 신문사를 경영하는 JAY YI(제이) 발행인이었다. 그녀는 필자의 책 〈비서 같은 아내 감독 같은 아내〉를 교포들을 위해 신문에 연재를 하고 싶으니 허락을 해 달라고 했다. 필자는 교포를 위한다는 말에 원고료 없이 게재를 허락하였다.

그녀는 한국에 오는 길에 만나고 싶다고 말해 2월 4일 서울에서 만났다. 그녀와 점심을 먹으며 신문사 운영에 대해 이야기를 하였다. 그녀는 신문제작 비용을 자비와 후원비로 충당한다고 말했다. 편집 및 취재는 뜻있는 교포들이 봉사로 한다고 했다. 돈도 되지 않는 일을 하는 이유는 교포들에게 읽을거리와 정보를 제공하고, 한국의 얼을 잊지 않게 하기 위해서라고 했다. 남자들도 하기 힘든 일을 여자가 한다는 것은 배로 힘이 드는 일이다. 더구나 신문은 더욱 그러하다. 필자는 그녀가 참 대단하다는 생각과 더불어 인생을 참 멋지게 살고 있다고 생각했다. 필자는 내 도움이 필요하면 언제든지 말하라고 했다. 필자가 쓴 다른 책도 필요로 한다면 언제든지 게재를 허락할 생각이다.

그녀는 필자의 책 〈남편과 아내가 꼭 해야 할 33가지〉를 영어로 번역해 주겠다고 했다. 필자는 흔쾌히 그녀의 제안을 받아들였다. 그리고 그녀는 감사패와 선물을 전달했다. 필자는 기쁜 마음으로 그녀의 정성을 받았다.

필자는 그녀와의 만남에서 자신이 하고 싶은 일을 한다는 것은, 그것도 타인을 위해서 한다는 것은 참 멋지고 값진 일이라는 생각에 마음이 흐뭇했다.

같은 50대를 살아가면서도 누구는 자신을 전전긍긍하며 사는가 하면 〈LIFE BASICS〉 신문사 JAY YI 발행인처럼 교포사회를 위해 헌신하는 이도 있다. 자신을 멋지게 살고 싶다면 실버연주단 단원들처럼 JAY YI 발행인처럼 나 아닌 다른 사람들과 사회를 위해 살아가라. 이것이야 말로 자신의 인생을 조금 더 멋지고 품위 있게 살아가는 좋은 방법이다. 인생이란 한번 왔다 가면 그만이지만 그 사람의 인생기록은 영원히 남는 법이다.

자신의 일을 사랑하는 것은
멋지고 품위 있는 일이다

국내 여성승무원 중 처음으로 비행기록 3만 시간을 돌파한 대한항공 객실 여성승무원인 이순열 씨. 이는 그녀의 나이 55세에 세운 놀라운 기록이다. 이는 시간으로 환산하면 하늘에서만 3년 6개월을 보낸 셈이다. 그러니 얼마나 대단한 기록인가. 또 이를 거리로 환산하면 2,650만 Km로 지구를 662바퀴를 돈 셈이라고 한다. 그녀의 멋진 인생에 힘찬 축하의 박수를 보낸다.

그녀는 1978년 입사해 33년 째 근무 중이라고 하니 이 또한 크게 축하할만하다. 한 직장에서 33년이나 근무를 하고 있다는 것은 그녀가 자신의 일을 얼마나 사랑하는 지를 잘 알게 하기 때문이다.

그런데 필자를 감동시킨 또 다른 것이 있다. 그것은 그녀가 일을 하는 틈틈이 공부를 하여 경영학 석사 학위를 받았다는 것이다. 그리고 중세 미술 분야 박사과정을 밟고 있다고 한다. 그녀는 은퇴 후엔 미술관 여행 가이드를 할 계획이라고 했다.

나이 예순에 성악가의 꿈을 안고 대구 가톨릭대 예술대학 성악과에 입학한 신분수 씨. 그녀는 졸업할 때까지 오페라 주인공이 되어 많은 사람들에게 감동을 주고 싶은 마음에 성악공부를 결심했다고 한다.

　나이 들어 자신이 원하는 일을 한다는 것은 젊었을 때보다 몇 배나 힘들다. 눈도 침침해 글씨 보는데도 힘이 들고, 기억력도 감퇴되고, 순발력도 떨어지고 여러 면에서 애로사항이 많다. 그런데도 이 모든 것을 감수하고 성악을 공부하겠다는 꿈이 참 멋지질 않은가. 사람들 중엔 나이로 보나 경제적으로 보나 충분히 능력이 되는데도 게으르고 나태해서 하지 못하는 이들이 많다. 이런 사람들에 비한다면 신분수 씨의 도전은 가치 있는 멋진 일이라고 하겠다.

　언젠가 여든이 넘은 할아버지가 마라톤을 완주한 것을 본 적이 있다. 남들보다 몇 배나 많은 시간이 걸렸지만 끝까지 포기하지 않고 완주하여 많은 사람들을 놀라게 했다. 필자는 할아버지의 열정에 큰 감동을 받았다. 할아버지는 건강이 좋지 않았는데 마라톤을 하고 나서 건강을 되찾았고 4~50대보다도 더 강한 체력을 지녔다고 했다. 이 모두는 자신을 이기겠다는 강인한 열정에서 이뤄낸 결과이다.

　자신의 인생을 이처럼 알뜰살뜰하게 산다는 것이야 말로 멋지고 품위 있게 나이 들어가는 일이다. 그런데 술이나 퍼 마시고, 카지노를 전전하고, 능력이 있는데도 썩힌다면 그것은 자신의 인생을 소모하는 일이다. 자신의 인생을 소모하는 것은 스스로를 배척하는 일이며 비생산적인 일이다.

50대들이여, 자신을 사랑하라. 자신이 원하는 것을 열정을 다해 하는 것은 멋지고 품위 있는 일이다.

오늘 하늘은 맑지만
내일은 비가 올지도 모른다

인생이 언제나 일정하다면 좋겠지만, 오늘과 내일이 다른 게 인생이다. 그러나 분명한 것은 자신을 진정으로 사랑한다면 자신을 함부로 살지 않는다는 것이다. 자신을 소중히 여겨 매사에 열심을 다한다면 멋지고 품위 있는 인생으로 살아갈 수 있고, 아름다운 마무리를 할 수 있다.

필자는 멋지고 품위 있게 나이 들고 싶다. 내가 쓰고 싶은 글 마음껏 쓰면서 사람들에게 꿈을 주고, 용기를 주고, 아프고 쓸쓸한 마음을 위로해주는 소울 프렌드(Soul Friend)가 되어줄 것이다. 필자는 이것이 시인이자 작가로서의 의무라고 생각한다.

멋지고 품위 있게 나이 들기 위해서는 어떻게 해야 하는지 살펴보자.

멋지고 품위 있게 나이 드는 법

01. 나태와 게으름을 경계하라. 나태와 게으름은 자신의 인생을 퇴락시키는 일이다.
02. 자신이 원하는 일을 열정을 다해 하는 것처럼 멋진 일은 없다. 열정을 바쳐 최선을 다하라.
03. 생각하는 것을 마음에만 두지 말고 즉시 실천하라. 생각대로

살면 멋진 인생으로 살아갈 수 있다.
04. 타인과 사회를 위해 자신의 재능을 활용하라. 지금과는 다른 삶을 살게 될지도 모른다.
05. 말 한마디도 행동 하나에도 꿈을 담아 말하고 행동하라. 그 에너지의 기가 자신을 생산적으로 만들 것이다.
06. 좀 더 세련되게 가꾸고, 멋지게 코디하라. 겉모습이 추하면 내면도 추해 보인다.
07. 매사를 긍정적으로 생각하고 즐겁게 받아들여라. 몸과 마음을 활기차게 하라. 생각이 젊으면 더욱 멋지게 보인다.
08. 어떤 상황에서도 자신감을 잃지 마라. 당당하고 의연하게 대처하는 모습이야말로 멋지고 강한 신뢰를 준다.
09. 남들이 못하는 일에 도전하라. 그것이 비록 돈이 되지 않더라도 자신이나 사람들에게 희망과 용기를 심어줄 것이다.
10. 자신의 삶에 예를 다해 최고로 감사하라. 그것이야 말로 당신의 인생에서 가장 멋지고 품위 있는 일이다.

멋지고 품위 있게 나이 드는 10가지에 대해 알아보았다. 이를 실천하기란 쉽지 않을 수도 있다. 그러나 멋진 당신을 위해서라면 해야 한다. 이 얼마나 가치 있는 인생인가.

50대들이여, 아무리 삶이 당신을 힘들게 해도 절대 지지 마라. 당신의 아내에게, 당신의 남편에게, 그리고 당신의 아이들에게 멋지고 품위 있는 남편이 되고 아내가 되고 부모가 되라.

오늘은 맑지만 내일은 비가 올지 모른다. 오늘은 가난하지만 내일은 풍요로울지도 모른다. 오늘에 안주하지 말고, 오늘에 절망하지 말고 아름다운 내일을 위해 매 순간순간을 최선을 다하라. 멋지고 품위 있게 늙어가는 50대가 되라.

TIP_생각의 나무 05

나이가 들수록 멋지게 늙어 가는 사람이 있는가 하면, 젊었을 땐 멋지던 사람도 추하게 늙어 가는 사람이 있다. 50대는 초로에 드는 세대이다. 그래서 50대를 잘 살아야 멋지고 품위 있게 늙어갈 수 있다.

멋지고 품위 있게 늙어가는 것은 돈이 많다고 해서 되는 것도 아니고, 외모가 잘 생기고 예쁘다고 해서도 아니다. 높은 지위나 명예를 갖고 있다고 해서도 아니다. 멋지고 품위 있게 늙어가는 것은 마음가짐과 행동에 있다. 같은 말도 긍정적으로 꿈을 담아서 말하고, 행동에 지나침이 없고 매너가 있어야 한다. 생각하는 것은 창의적이고 생산적이며, 행동은 부드럽고 예의가 있어야 한다. 이런 사람에게는 남자든 여자든 관심을 갖고 대하게 된다. 그리고 인생의 친구로 삼고 싶어진다. 또 자신의 일을 사랑하고 자신에게도 타인에게도 꿈을 주고 용기를 주는 사람, 이런 사람이 진정으로 멋지고 품위 있는 사람이다.

인생은 누구에게나 단 한 번이다. 멋지고 품위 있는 인생으로 나이 들어가는 당신이 되라.

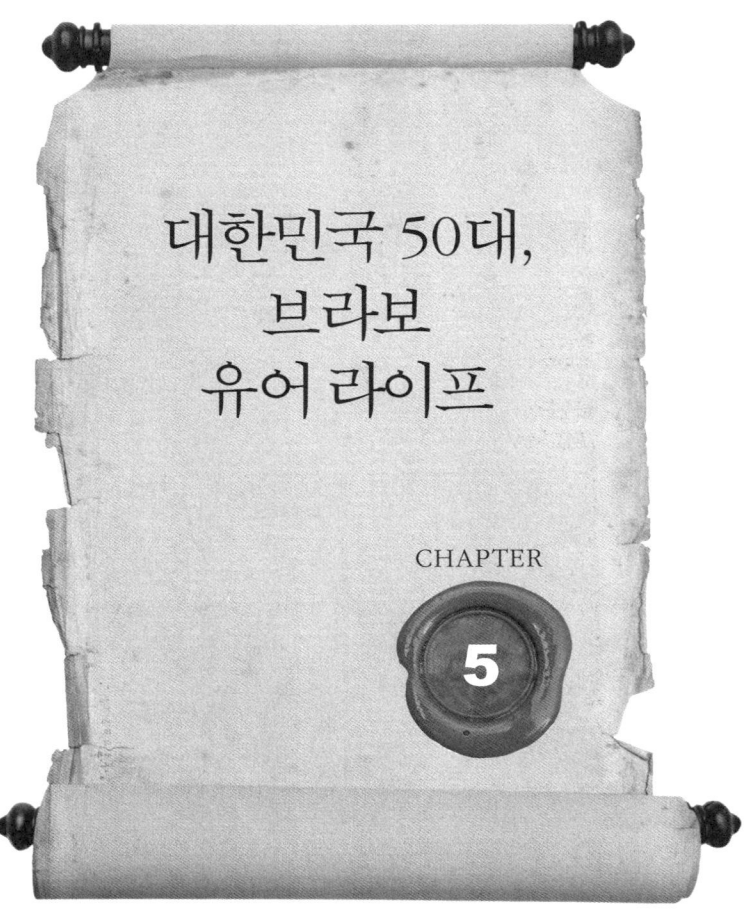

대한민국 50대, 브라보 유어 라이프

CHAPTER 5

 대한민국 50대, 브라보 유어 라이프 BRAVO YOUR LIFE

대한민국 50대는 베이비부머의 대표적인 세대이다. 50대는 40대와 같이 인생에서 가장 힘든 시기이다. 아니, 40대보다 더 힘든 시기이다. 40대는 직장에서 힘든 시기이지만, 50대는 퇴직을 하고 대학에 다니는 자녀를 뒷바라지 하거나(결혼이 늦은 경우), 결혼을 시켜야 하는 시기이기 때문이다. 또한 부모를 봉양하는 등 인생에서 가장 돈이 많이 들어가는 시기이다. 고달픈 50대들에게 가장 필요한 것은 가족의 사랑이다.

그런데 우리나라의 남자 50대들은 가족에게 그다지 환영받지 못한다. 가뜩이나 힘든데 아내와 자식들과의 사이가 끈끈하지 못하다. 대화를 하려고 해도 유행어도 잘 모르고, 인터넷 용어도 잘 모른다. 마치 금성에서 온 남자 같다.

그러나 여자들은 다르다. 자식들과 대화도 비교적 많이 하는 편이다. 그러다보니 자식들이 무엇을 좋아하고 어디에 관심이 많은지도 잘 안다. 유행어는 물론 인터넷 용어도 잘 아는 편이다. 자연히 엄마와의 사이가 가까울 수밖에 없다. 50대 남자들은 가정에서 왕따 아닌 왕따로 지내야 한다. 그래도 이는 그나마 다행이다. 어떤 50대들은 가족에게 왕따를 당해 완전히 투명인간 취급을 받는다고 한다. 상황이 이렇다 보니 집에서조차 맘 편히 있을 수도 없어 밖으로 떠돈다. 그리고 저녁이 되면 집으로 가서 밥 한 술 먹고 새우등을 하고 잠자리에 든다고 한다. 물론 아버지로서 존경을 받고, 남편으로서 아내의 사랑을 받는 50대들도 있다. 하지만 비율로 보면 그 수치는 부끄러울 뿐이다. 기러기 아버지들의 삶은 더욱 외롭고 쓸쓸하고 처량 맞다. 텅 빈 집을 지키다 보니 외로움이 깊어지고 그리움만 산처럼 쌓여 서러움에 진저리를 친다. 그래도 아버지라는 이유로 맘 놓고 울지도 못하고, 하소연 할 데도 마땅치 않다. 모든 걸 속으로 품고 견디어 내야 한다. 견디어 내지 못한 아버지들 중엔 스스로 목숨을 끊기도 한다.

　이것이 대한민국 50대 남자들의 실태이다. 여자 50대는 남자 50대에 비해 이런 점에서는 매우 유리하다. 그래서 남자 50대들이 겪는 고통에 비해 상대적으로 적다. 하지만 50대라는 공통분모만큼은 비슷하다. 기가 많이 꺾여 있는 대한민국 50대들에게 희망의 메시지를 띄운다.

대한민국 남자 50대,
절대 기죽지 마라

　남자는 기氣가 꺾이면 끝이다, 라는 말이 있다. 기는 남자에게는 생명과도 같다. 밖에서 하는 일마다 잘해내는 남자들은 기가 살아있다. 그러나 매사에 자신이 없는 남자들은 기가 꺾여 있다. 기를 살리는 데 가장 좋은 약은 가족의 응원이다. 그런데 가족의 응원만을 기다릴 수는 없다. 마음에서 우러나지 않는 응원을 기다린다는 것은 쓸쓸한 마음만 들게 한다. 기가 꺾이지 않는 방법은 자신이 강해지는 것이다. 자신이 강해지는 가장 좋은 방법은 자신을 소중하게 생각하며 스스로 자신을 위해주어라. 소중한 자신을 지키기 위해 강해질 수밖에 없다. 자신이 강해지면 그 누구도 자신을 함부로 할 수 없다. 다음은 최악의 상황에서도 자신을 강하게 단련시켜 성공적인 삶을 살았던 이들의 이야기이다.

　미국 〈아메리카 은행〉을 창립한 잔니니. 그는 높은 이자로 농민 등 서민들의 등골을 빼먹는 은행들의 횡포에 반발하여 서민 한 사람이 1주의, 주주가 되게 하여 〈뱅크 오브 이태리〉를 창립하였다. 그는 돈을 필요로 하는 서민들에게 대출보증 없이 신용만으로 대출을 해주었다. 그가 신용만으로 대출을 해준 것은 가난한 서민들이 결코 자신을 배신하지 않을 거라는 확신에서였다. 그의 생각대로 돈을 빌린 서민들은 한 치의 어김도 없이 제 날짜에 돈을 갚았다. 〈뱅크 오브 이태리〉는 점점 성장하였다. 잔니니에 대한 서민들의 믿음은 절대적이었다. 그 결과 잔니니는 미국 최대 은행인 〈아메리카 은행〉을 창립하여 성공한 인물이 되었다.
　잔니니가 성공할 수 있었던 것은 사람들의 비웃음에도 기가 꺾이지 않고 자기애에 따른 강한 확신이 있었기 때문이다. 자신에 대한 강한 믿음은 스스로를 강하게 하여 흔들리는 믿음을 지켜낼 수 있었고, 그 결과 서민들의 무한한 신뢰를 얻고 성공할 수 있었다.

영국의 정치가이자 문인인 벤저민 디즈레일리는 런던에서 태어나 17세 때 일을 배우러 변호사 사무소에 들어갔으나 문학에 흥미를 느껴 1826년 처녀작 〈비비엔 그레이〉를 발표하였다. 그는 또 이어서 풍자소설 〈젊은 군주〉를 발표하였는데 그에게 성공을 안겨주었다.

그는 정치에 흥미를 갖고 1832년 정계에 진출하여 급진당의 후보로 보궐선거에 나갔으나 낙선하였다. 이어 토리당 당원으로서 입후보하였으나 역시 낙선하였다. 그 후 4차례나 연이어 낙선하였다. 그러나 그는 좌절하지 않고 1837년 토리당원으로 입후보하여 하원의원에 당선하였다. 그리고 1941년 토리당 내에 '청년 영국'을 조직하였다.

1845년에는 토리민주주의를 논하고, 1846년에는 산업자본가의 보수주의를 대표하는 필과 그의 곡물법 폐지에 반대 보호무역주의의 지도자가 되었다. 그리고 필 내각을 실각케 하고 보수당을 신시대에 적응케 하여 제1차, 제2차 다비 내각의 재무상을 지내고 이후 2차례 더 다비 내각의 재무상을 지냈다. 그 후 1868년 다비의 은퇴로 수상이 되었으나 같은 해 개정 후 최초의 총선거에서 패배하여 퇴진하였다. 그리고 1874년 선거에서 대승하여 제2차 내각을 조직한 후 수에즈 운하를 400만 파운드에 매수하여 동방항로를 확보하며 영국 국민들의 절대적인 신망을 받는 성공한 정치인이 되었다.

디즈레일리가 수많은 실패에도 좌절하지 않고 도전하여 존경받는 정치가가 될 수 있었던 것은, 어떤 악조건 속에서도 기가 꺾이지 않고 자신을 사랑하여 끝까지 밀고 나간 결과이다.

우리 사회에도 잔니니와 디즈레일리같이 자신을 사랑하는 강한 확신으로 어려운 상황에서도 성공한 이들이 많다. 빈농의 아들로 태어나 맨주먹으로 현대그룹을 창립한 정주영, 미국으로가 공부를 마치고 돌아와 유한양행을 창립한 유일한, 살아있는 알파니스트의 신화 엄홍길, 독일 분데스리가 레버구젠의 영원한 축국의 전설 차범근, 한국 마라톤의 자존심 황영조, 한국근대화가의 최고봉 박수근, 세계적인 팝아티스트 백남준, 유엔사무총장 반기문 등 이들 모두는 자신을 진정으로 사랑하였고 어려운 상황에도 기가 꺾이지 않는 강한 자기 확신으로 성공한 인생이 되었다.

아무리 어려운 상황에서도 기가 꺾여서는 안 된다. 기가 꺾이면 기회가 와도 기회를 살리지 못한다. 이미 자신감을 잃었기 때문이다. 특히 남자 50대는 기가 꺾이지 않도록 강하게 자신을 단련시켜야 한다. 그래야 남은 인생을 즐기며 살아갈 수 있다.

대한민국 여자 50대,
남자에게 용기를 주어라

현대판 현모양처는 남자의 기를 살려주는 여성이다. 말 한마디도 애정을 담아 말하고 절대 기죽이는 말은 삼가야 한다. 남자의 기를 잘 살려주면 그것이 다 자신에게 돌아온다. 그러나 기를 꺾어버리면 그 모든 것이 역시 자신에게 돌아온다. 전자의 경우는 희망이며 기쁨이 되지만, 후자는 불행과 고통이 따른다. 그런데도 한치 앞을 내다보지 못하고 현재에만 급급해 남자를 좌지우지하려고 한다면 서로가 피곤하게 된다. 다음은 기를 살리는 아내와 기를 꺾는 아내에 대한 이야기이다.

 민호의 아내는 가정을 하나의 회사라고 생각한다. 남편은 당연히 사장이다. 사장이 평안해야 회사가 잘 돌아가듯, 남편이 안정적인 마음을 가질 때 가정역시 잘 돌아간다고 믿는다. 물론 그녀의 생각에 반기를 드는 아내들이 상당수 일 거라는 것도 잘 안다. 하지만 그녀는 자신의 생각에 따라 행동하고 실천하고 있다.
 "여보, 오늘 기분이 어땠어?" 라고 물어 반응이 신통치 않으면 남편과 같이 와인 한두 잔을 마시며 이런 저런 이야기를 나눠 기분을 풀어주고, 남편이 기분이 좋을 땐 그 기분을 한껏 살려주기 위해 남편에게 맞춰 주는 아량을 보인다.
 "여보, 여기 손수건!"
 "여보! 이것 좀 먹어 봐!"
 남편이 무엇을 원하는지 미리 알아서 챙겨주는 센스 넘치는 그녀! 그리고 무엇을 부탁할 때도 "여보, 이것 좀 해 줄래?" 아니면 "여보, 자기 도움이 필요해." 라고 말해서 남편의 기를 팍팍 세워준다. 그러니 하는 일마다 잘될 수밖에 없다. 그들 부부는 50대를 살고 있지만 언제나 애인 같고 친구 같다.

 경석의 아내는 매사에 남편을 자기 종 부리듯 한다. 무엇을 부탁할 때도 "이것 좀 해봐!"라고 말하고, 시킨 일이 자기 맘에 차지 않으면 "자기 뭐하는 사람이야! 그 따위로 뭘 한다고 그래?"라고 마구 막말을 풀어 놓는다. 말 하는 것이 완전 정나미가 뚝 떨어진다.

남편의 기분은 개판이 되고, 내가 왜 저런 여자와 사나? 하는 마음을 하루에도 골백번씩 들게 만든다.

그러다 보니 경석은 집에 일찍 들어가는 것을 극도로 꺼린다. 그래서 고스톱을 친다거나, 술 먹는 자리를 찾아 기웃거리거나, 밖에서 똥마려운 강아지 마냥 배회한다.

이런 아내를 둔 가장의 비애는 낙동강 오리알처럼 쓸쓸하고 허망하다. 아내에게 마음에 위안을 받고 싶어도 쪽팔려서 망설이게 만든다. 자신의 남편을 쪽팔리게 하지 마라. 남편을 자기의 수하처럼 부리려고도 하지 마라. 남편들은 부드럽고 편안한 아내를 원한다. 그런데 기를 꺾어놓는다고 생각해보라. 될 일도 안 된다.

연인 같은 부부
때론 친구 같은 부부

가장 이상적인 부부는 언제나 연인 같은, 또 때론 친구 같은 사이어야 한다. 연애시절엔 뭐든지 아름답고 좋아 보이고 제 눈에 안경이라고 다 예뻐 보이고 멋져 보인다. 눈썹 밑에 팥알만 한 검은 점도 매력적으로 보이고, 납작한 코도 클레오파트라 코처럼 오뚝해 보이고, 뻐드렁니도 잘 여문 옥수수 알처럼 보인다. 어디 그 뿐인가. 목소리는 꾀꼬리 노래처럼 들리고, 세상에서 둘도 없는 낭만적인 남자로 보인다. 그리고 웬만한 실수는 애교로 봐 줄만큼 속도 넉넉하다. 연애시절엔 남녀 공히 뭐든지 이상적이고 긍정적으로 생각한다. 이처럼 연인 같은 부부는 연애시절처럼 서로를 더 깊이 배려하고 더 간절히 사랑하는 마음을 갖는다.

친구 같은 부부는 어떠한가.

친구사이는 우정으로 맺어졌기에 웬만해선 다 이해하려고 하고 아끼고 보듬어 주려고 한다. 그리고 서로를 있는 그대로 봐주고 간섭하지 않고 격려해준다. 그래서 친구관계는 변함이 없고 늙어 꼬부라질 때까지 오래가는 것이다. 이처럼 부부관계가 친구 같다면 서로를 더 챙겨주고 이해해주려고 할 것이다. 나이에 관계없이 연인 같은 부부 친구 같은 부부가 가장 이상적인 부부이다.

연인 같은 부부 친구 같은 부부 되는 7가지
01. 서로를 아낌없이 칭찬하라.
칭찬은 고래를 춤추게 하고, 무생물인 자동차도 칭찬을 하면 고장 없이 잘 굴러간다. 남편은 아내를 아내는 남편을 칭찬하라. 칭찬꺼리가 작아도 좋다. 자주 칭찬하라. 칭찬을 하면 받는 사람뿐만 아니라 칭찬하는 사람도 기분이 좋아진다.

02. 남과 절대로 비교하지 마라.
사람은 누구나 자신이 남보다 못하다고, 비교되는 것을 극도로 싫어한다. 그런데 자신의 남편을, 자신의 아내를 남보다 못하다고 서로가 비교해 보라. 그 가정은 얼음장처럼 싸늘해지고 말 것이다. 자신의 눈에 차지 않는 일이 있어도 절대로 남과 비교하지 마라.

03. 하루에 한 번 이상은 반드시 애정표현을 하라.
연애시절엔 잠시도 안 보면 죽겠다고 연신 "아이 러브 유" 하며 코맹맹이 소리를 하다가도, 결혼해서 느낄 만큼 느끼고 겪어 신비감이 떨어지면 서로가 무덤덤해진다. 그러다 보면 자신들도 모르는 사이에 소원해지고 그것이 습관화가 되면 소 닭쳐다보듯 되고 만다.

04. 아무리 바빠도 하루 30분씩 둘만의 대화를 즐겨라.
　순수하게 둘만의 대화를 30분정도 갖는 부부는 극히 드물다고 한다. 기껏해야 집안 얘기, 애들 얘기 등의 일상적인 얘기고 보니 둘 사이에 보이지 않는 벽이 생긴다. 그리고 그 벽은 오래지 않아 만리장성처럼 변해 부부 사이가 천리만리처럼 멀어지고 만다.

05. 모든 재산은 공동명의로 하라.
　결혼 후 모은 재산은 반드시 부부 공동명의로 하라. 그래야 아내는 남편에 대해 자신이 인격적으로 동등하게 대접받는다는 생각을 하게 되고, 남편에 대해 고맙게 여겨 잘 해줘야겠다는 마음을 갖게 될 것이다.

06. 서로의 생일은 반드시 챙겨라.
　남편의 생일을 잊는 아내들은 거의 없다. 그러나 아내의 생일을 잊고 그냥 지나치는 남편들은 의외로 많다. 아내들은 큰 일 보다도 작은 일에 감동하고 고마워한다. 그런 아내들의 생일을 잊는다면 남편 자격을 박탈해야 한다. 고로, 아내에게 슬픔을 주는 미련한 남편은 절대 되지 마라.

07. 서로가 서로를 구속하지 마라.

부부에게 있어 가장 심각한 문제는 서로를 구속하려는 것이다. 사람은 누구나 상대방으로부터 자신이 구속되어지는 것을 몹시 싫어한다. 특히 부부사이에 있어서는 더욱 그러하다. 구속은 자유를 억압당한다는 강박관념을 심어주는 비인격적인 행위이므로, 남녀평등을 부르짖는 현대사회에서 가장 유념해야 할 문제다. 부부는 부부이기 전에 개개인의 인격권을 가진 사유하는 독립된 존재다. 그런데 자신의 인격을 무시당한다고 생각한다면, 요즘 같이 개성이 강하고 자기 주장이 강한 남편들과 아내들은 그것을 참고 넘어가지 못한다. 그런 일이 반복되어지다 보면 부부사이엔 시베리아 벌판 같은 싸늘한 냉기가 흐르고, 둘 사이엔 바이 바이를 외치며 너는 너대로 나는 나대로의 길을 향해 가게 되는 파국을 맞게 될 것이다.

남편과 아내 사이가 수직관계에서 수평관계로 된 지금, 아직도 서 푼짜리도 안 되는 권위를 내세우는 남편들이 있다면 냉수먹고 속 차려야 한다. 그리고 아내들 또한 페미니즘을 너무 광신한다면 차디찬 이별의 아침을 맞게 될지도 모른다.

"사람은 누구나 혼자서는 행복한 생활을 유지할 수 없다. 그래서 아무리 불안에 처해 있을지라도 마음의 평온과 안정을 찾을 수 있기 때문에 결혼을 하는 것이다."

이는 괴테가 한 말로써 매우 의미 있는 얘기가 아닐 수 없다.

대한민국의 50대들이여, 아직도 그대들에겐 희망이 있다. 아직도 그대들에겐 행복할 권리가 있다. 그러나 희망과 행복은 그냥 오지 않는다. 그것은 자신들이 쟁취해야 한다. 남편은 아내를 수평적으로 부드럽고 세심하게 대하라. 아내는 남편이 간혹 맘에 안 들어도 함부로 말하거나 행동하지 마라. 남편의 기를 살려주고 기가 꺾이지 않도록 세심하게 배려하라. 서로가 그렇게 함으로써 희망이 찾아오게 하고 행복이 다가 오게 하라. 그것이야말로 50대 이후의 당신의 미래를 바꾸는 첩경이 될 것이다.

　대한민국 50대들여, 브라보 유어 라이프(BRAVO YOUR LIFE)!

TIP_생각의 나무 01

50대는 노년의 인생을 시작하는 첫 시기이다. 50대를 어떻게 보내느냐에 따라 노년의 삶은 달라진다. 행복한 노후를 보내고 싶다면 그에 맞게 준비해야 한다. 첫째, 재산을 미리 자식들에게 물려주지 마라. 세상을 하직할 때 물려주어도 늦지 않다. 둘째, 부부간에 사랑하고 격려하여 기를 세워주어라. 셋째, 건강한 삶을 위해 건강한 몸을 만들어라. 넷째, 자신이 할 수 있는 일을 찾아서 하라. 일은 돈도 벌지만 긴장감을 높여 몸과 마음을 처지지 않게 한다. 다섯째, 배우고 싶은 것이 있으면 망설이지 말고 배워라. 배움은 지식과 알고 싶은 지적호기심을 높여준다. 적은 돈으로도 배울 수 있는 강좌가 널려있다. 여섯째, 같은 생각, 좋아하는 일이 같은 사람들과 교류하라. 생각을 공유함으로써 서로에게 힘이 되어준다. 일곱째, 늘 자신을 사랑하고 자기 확신을 강하게 하라. 강한 자기 확신이 의지를 강하게 하여 좋은 결과를 이끌어 낸다.

대한민국 50대들이여. 지금을 멋지고, 활기차게 살아라. 그렇게 될 때 노년의 삶은 풍요로워지게 된다.

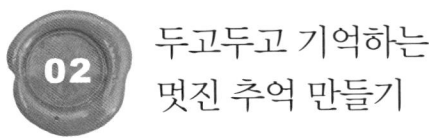# 두고두고 기억하는 멋진 추억 만들기

 살아있는 동안, 그것도 50대에 멋진 추억을 남겨라. 퇴직하기 전에는 멋진 추억을 남긴다는 것은 쉬운 일이 아니다. 일에 쫓기다 보면 휴일엔 꼼짝 않고 쉬고 싶은 마음이 절실하다. 그러다 보니 하고 싶은 여행도 마음껏 할 수 없고, 하고 싶은 것도 맘편히 할 수 없다. 하지만 퇴직을 하고 나면 시간적으로 여유로워진다. 이때 멋진 여행을 하거나 자신이 하고 싶은 일을 하면 마음의 여유를 갖고 즐길 수 있다.

 한때 한비야가 오지 여행을 하며 쓴 〈바람의 딸 지구를 돌아 세 바퀴 반〉이 선풍적인 인기를 끌며 해외 배낭여행 붐을 일으켰다. 자신이 꼭 해보고 싶은 해외 오지여행을 위해 잘나가던 직장을 때려치우고 실행했다는 것은 생각은 있어도 시도를 하지 못하는 이들에게 꿈과 용기를 심어주었다. 한비야는 여행을 통해 삶이 바뀌었다. 그녀는 이야기를 듣고 싶어 하는 사람들을 위해 방송과 강연을 통해 자신의 경험담을 들려주었다. 그녀는 하루아침에 유명인사가 되었.

 손미나는 KBS 아나운서 출신으로 스페인 유학생활과 여행을 통해 보고 느낀 것을 〈스페인 너는 자유다〉 등 3권의 책으로 출간하여 사람들을 놀라게 했다. 자신이 하고 싶은 것을 하기 위해 여자라면 누구나 부러워하는 아나운서를 그만둔다는 것은 보통 결심으로는 하기 어려운 일이다. 그녀가 사람들에게 인기를 얻고 젊은 여성들의 롤 모델이 될 수 있었던 것은 남들이 할 수 없는 일을 해냈기 때문이다. 한비야와 손미나는 자신이 하고 싶은 일을 당당하게 시도한 혁신적인 라이프 모델이다.

남들이 하지 않는 일을 그것도 먼저 시도한다는 것은 대단한 용기가 필요하다. 가보지 않은 길을 간다는 것은 두려운 일이다. 미지의 세계를 간다는 것은 그만큼 힘들고 어렵다. 하지만 그 일을 성공적으로 해냈을 땐 세상을 다가진 듯 뿌듯하고 행복하다.

여행을 하던, 자신이 하고 싶은 것을 하던 두고두고 기억에 남는 멋진 추억을 만들어라. 50대의 삶이 조금은 더 행복하고, 조금은 더 새로우며, 조금은 더 모험적이며, 조금은 더 역동적으로 살아가게 될 것이다.

추억은 언제나
가슴을 설레게 한다

추억이 많다는 것은 경험이 많다는 것과 같다. 경험하지 않으면 추억이 생기지 않으니까. 따라서 추억을 많이 남기기 위해서는 경험을 많이 해야 한다. 특히, 50대에 평생 잊지 못할 추억을 쌓으면 살아있는 동안 추억을 되새기는 것만으로도 충분히 위로가 되고 힘이 되어 줄 것이다.

명식은 자신과 아내를 위해 멋진 추억을 만들고 싶었다. 그의 나이 55세가 되도록 자신을 내조해준 고마운 아내에게 감사한 마음을 전해주고 싶었기 때문이다. 그는 이리저리 알아본 후 아내에게 드레스를 입혀 멋진 웨딩사진을 찍어주고 싶었다. 그는 웨딩촬영소를 정하는 등 만반의 준비를 끝내고 아내를 데리고 웨딩촬영소로 갔다.
"여기는 무슨 일로?"
명식의 아내는 의아해 하며 물었다.
"지금에서야 말인데 당신 드레스 입혀 웨딩촬영을 해주고 싶었어. 그러니 오늘은 내가 하자는 대로 하는 거야. 알았지?"
그의 아내는 뜻밖의 말에 순간 당황하는 기색이었으나 이내 활짝 웃으며 좋아했다. 그가 자신을 위해 직접 다니며 모든 걸 준비했다는 게 참 고마웠다. 그의 아내는 메이크업을 끝내고 촬영준비에 들어갔다. 드레스를 여러 벌 바꿔 입으며 갖가지 포즈로 사진을 찍었다. 마치 자신이 모델이 된 기분이었다. 아내를 바라보는 명식의 얼굴엔 웃음이 가득했다. 보는 것만으로도 행복했다. 명식의 아내는 촬영을 다 마치고 그에게도 촬영을 하라며 말했다. 그는 자신은 괜찮다며 극구 말했지만 그의 아내는 그럴 수 없다며 적극 권유하였다. 그렇게 해서 그 역시 촬영을 하였다. 그리고 둘이 함께 사진을 찍으며 마냥 행복해 하였다. 사진을 찍은 후 명식은 고급레스토랑으로 가서 와인을 곁들여 맛있는 식사를 하였다. 그날 하루 그들은 마치 영화배우가 된 기분이었다. 그리고 일주일 후 고급스러운 액자에 담긴 사진을 받았다. 명식과 그의 아내는 놀라움을 감추지 못했다. 사진 속에 그의 아내는 한송이 꽃보다 더 아름다웠다. 그 역시 젊은 시절로 돌아 간 듯 행복했다. 그의 아내는 좋은 추억을 만들어준 남편 명식에게 감사한 마음을 전했다.

그들의 웨딩사진을 보는 사람마다 부러워하며 자신들도 꼭 찍어야겠다고 말하곤 해서 그들을 더욱 흐뭇하게 만들었다.

명식의 부부처럼 50대에 웨딩촬영을 하는 것도 매우 의미 있는 추억이 되기에 부족함이 없다. 나이 들어 중후한 모습을 사진으로 남기는 것 또한 멋진 발상이라고 하겠다. 지금 당장 시도해보라. 당신의 가슴에 푸른 추억이 되어 두고두고 반짝이며 빛날 것이다.

추억은 많으면 많을수록
삶을 따뜻하게 한다

사람들이 추억하는 것은 멋지고, 감동적이고, 그립고, 아련하고, 따뜻한 기억이다. 그래서일까. 추억이 많은 사람은 마음이 따뜻하다. 그만큼 삶을 관조하며 즐기며 살았다는 반증이다.

그러나 사람들은 슬프고, 마음 아프고, 괴롭고, 고통스런 기억은 잘 하지 않으려고 한다. 그래서 추억이 별로 없는 사람은 삶이 건조하고, 딱딱하다. 그러다보니 삶을 아기자기하게 즐길 줄을 모른다.

삶을 여유롭게 즐기며 산다는 것은 본인들은 물론 주변사람들에게도 꿈을 주고, 용기를 주고, 즐거움을 주는 아름답고 멋진 일이다. 다음은 자신들의 꿈을 실행에 옮겨 사람들에게 신선함 감동을 안겨준 이야기이다.

언젠가 집을 팔고 캠핑카를 사서 자신들이 가고 싶은 곳으로 이동하며 사는 가족을 본 적이 있다. 그들은 매우 행복해 보였다. 자신들이 해보고 싶은 것을 실행한다는 것은 멋지고 값진 일이다. 보통 사람들은 대개 생각만으로 끝내지만, 그들이 아주 특별해 보이는 것은 자신의 생각을 실행에 옮겼기 때문이다. 그들은 삶의 자유와 가치를 제대로 즐길 줄 아는 가족이다.

  엄마와 딸이, 엄마와 아들이 해외여행을 하며 삶의 자아를 실현하는 기사를 접하고, 이렇게 멋지고 자유로운 영혼을 가진 사람들이 있을까, 하고 감탄하였다. 남들은 대학입시를 위해 정규수업에, 보충수업에, 학원수업으로 난리를 치는 데도, 보라는 듯이 휴학계를 내고 자신들이 하고 싶은 것을 한다는 것은 아무나 할 수 있는 일이 아니다. 그러기에 그들의 용기 있는 행동은 명화名畵보다도 더 아름다운 그림이었다.

  부부와 딸과 아들 등 한가족이 연주단을 만들어 길거리에서, 광장에서, 기차역 앞에서, 지하철 지하도에서 삶에 지친 사람들을 위해 연주하는 것을 본 적이 있다. 그들의 연주에 사람들은 열광하였고, 그들은 더욱 즐겁게 연주를 하였다. 사는 게 다들 고달프다고 아우성인 요즘 돈되는 일도 아닌데다 오히려 돈을 써가며 한다는 것은 사람들의 마음을 신선하게 자극하기에 조금도 부족함이 없었다.
  연주를 끝내고 환하게 웃는 가족들의 모습에서 진정한 행복과 가족의 사랑을 느낄 수 있어 크게 감동하였다.

캠핑카 생활을 즐기는 가족, 해외여행을 하며 자아를 실현하는 엄마와 딸, 엄마와 아들, 연주단을 만들어 삶에 지친 이들을 위로하고 꿈을 심어주는 연주단 가족 등 이들 가족은 아주 특별한 추억을 자신들에게 선물한 대한민국에서 가장 멋지고 자유로운 영혼을 가진 사람들이다. 물론 이들이 언제까지나 자신들의 생각대로 살아갈지는 모른다. 그들이 오늘이라도 보통사람들처럼 살아간다면 그들이 지금껏 해왔던 일들은 세상에서 둘도 아닌 오직 하나뿐인 멋진 추억이 될 것이다. 그리고 그 추억은 자신들이 살아가는데 있어 큰 위로가 되고, 꿈이 되어 줄 것이다.

50대들이여, 이들이 그랬던 것처럼 당신들도 꿈에서도 잊지 못할 추억을 만들어라. 가족끼리도 좋고, 부부끼리도 좋고, 각 개개인마다도 좋다. 멋진 추억거리는 분명 당신이 세상을 떠나는 날까지 두고두고 마음의 위안이 되고 꿈이 되어 줄 것이다.

멋진 추억 만들기
프로젝트

SBS 방송의 〈정글의 법칙〉은 프로그램으로 하는 것이지만 그 프로그램에 참여하는 이들은 평생을 두고두고 잊지 못할 것이다. 언제 무슨 일이 일어날지 모르는 위험이 도사리는 아마존에서, 혹한의 시베리아에서, 동물들의 천국 아프리카에서, 네팔 및 히말라야 등에서 경험한 일들은 두 번 다시는 경험할 수 없는 멋진 추억임에 조금도 부족함이 없을 것이다.

멋진 추억을 만들기 위해서는 '멋진 추억 만들기 프로젝트'를 세워야 하는데 자신이 원하는 것을 프로젝트로 삼아야 한다. 멋진 추억 프로그램으로 적합한 것들은 어떤 것이 있을까.

멋진 추억 프로그램 10가지

01. 50대에 멋진 웨딩촬영하기(남편과 아내가 반드시 함께 할 것.)
02. 배낭여행 떠나기(국내도 좋고, 형편이 된다면 해외라면 더 좋다.)
03. 대한민국 일주하기(동해, 남해, 서해 등을 코스로 해도 좋고, 남북 노선을 따라도 좋고, 또는 동서노선을 따라도 좋다.)
04. 백두대간 종주하기(개인적으로 하기는 쉽지 않다. 단체로 하면 더 의미가 있다.)
05. 자전거 타고 전국 일주하기(4대강 개발에 따라 자전거 도로가 잘 갖춰져 있어 여행하기에 용이하다.)
06. 사진동호회에 가입해 사진찍기, 연극동아리에 가입해 연극하기. 독서모임에 가입해 활동하기 등 자신에게 잘 맞는 것을 택해 실행하라.
07. 글쓰기 실력이 되면 자신의 50대 인생을 책으로 쓰기.
08. 기차타고 전국 일주하기(철도공사에서 운영하는 철도여행 프로그램이 잘 짜여져 있어 다양하게 즐길 수 있다.)
09. 노래실력이 된다면 자신의 노래를 CD로 녹음해 남기기.
10. 가보고 싶은 곳 12군데를 정해 차례대로 방문하기(전국 관광명소, 유명한 산, 이름 난 5일장 등)

멋진 추억 프로그램 10가지에 대해 알아보았다. 이외에도 생각하기에 따라 얼마든지 자신에게 맞는 프로그램을 정할 수 있다. 자신이 원하는 프로그램을 정해 꼼꼼하게 계획을 세워 실행한다면 50대를 보다 풍요롭게 보낼 수 있을 것이다.

TIP_생각의 나무 02

50대에 두고두고 잊지 못할 멋진 추억 만들기 프로젝트를 세워 실행해보라. 물론 생각처럼 쉽지는 않을 것이다. 그러나 자신의 상황과 형편에 맞는 것을 정한다면 보다 쉽게 실행할 수 있다. 추억이 많은 사람일수록 삶을 풍요롭게 사는 사람이다. 나쁜 기억은 추억으로 삼지 않을 테니까. 그래서 멋진 추억이 많은 사람이 더 따뜻한 인간미를 보인다.

지금 즉시 50대에 맞는 멋진 추억 만들기 프로젝트를 세워라. 자신이 경험하고 싶은 것은 무엇인지, 그리고 그것을 실행하려면 어떻게 하는 것이 효과적인지를 꼼꼼히 살펴 시도하라.

바보들은 항상 결심만 하다 만다. 당신이 바보가 되길 원하지 않는다면 생각 속에 머무르지 말고 바깥으로 끄집어내라. 그 순간 당신은 이미 반은 시도를 한 것이다. 그리고 그 나머지는 당신의 상황에 맞게 적극 실행하라.

 ## 50대 이후 무리한 투자는 망하는 지름길이다

퇴직을 한 50대들이 새로운 일을 시작하고 실패하는 일이 많다. 그동안 자신이 해온 일과 전혀 상관없는 일에 무리하게 투자를 한 결과이다. 50대들이 가장 많이 투자하는 쪽은 자본만 있으면 언제 어디서든 손쉽게 할 수 있는 프랜차이즈나 식당 등 자영업이다. 사람들이 많이 몰리다 보니 우후죽순 늘어나는 게 프랜차이즈점이나 식당이다. 갑甲인 회사쪽 입장에서는 땅짚고 헤엄치는 격이니 마다할 이유가 없다. 그렇지 않아도 밀어내기 등으로 을乙에 대한 횡포가 도를 넘어 사회의 지탄을 받고 있질 않은가. 갑인 회사는 이렇게 하던 저렇게 하던 손해나는 일은 절대 없다.

그러나 을인 점주들은 다르다. 늘 쫓기는 입장이고, 하고 싶은 말이 있어도 불이익을 당할까 염려하여 벙어리 냉가슴을 앓는다. 그러다보니 장사가 안 되는 점주들이나 자신의 정당함을 주장하는 점주들은 미운털이 박혀 강제로 점포정리를 당하곤 한다.

또한 이뿐만이 아니다. 갖가지 불법 다단계를 비롯해 사회 도처에는 세상물정 모르는 퇴직한 50대들의 퇴직금을 독수리의 날카로운 눈매를 하여 노리는 이들로 가득하다. 여기저기에선 평생 모은 돈과 피 같고 살 같은 퇴직금을 몽땅 날리고 울부짖는 50대들의 아우성으로 들썩인다.

언젠가 모 방송인은 10억이 넘는 돈을 투자했다 고스란히 사기를 당했다고 한다. 또 모 연예인 역시 수십억을 날렸다고 한다. 이는 빙산의 일각이다. 이런 사고에 대해 뉴스에서나 신문에서는 연신 보도를 하는데도 귀가 얇은 50대들이나 당장 먹고 살 일에 조바심을 내는 50대들은 꼼꼼하게 살펴보지 않고 설마 나한테 무슨 일이 있으려고, 하는 생각으로 투자를 하여 설마가 사람 잡는 일에 휘말려 모든 걸 잃고 만다. 그리고 또 한 가지는 아무리 친한 사이라 할지도 (그가 친구든 친척이든 그 누구라 할지라도) 무조건 따라서는 안 된다. 돌다리도 두드려보고 건너고, 자동차 엔진 오일을 점검하고 나서 운전을 하듯 만사 불여튼튼 해야 피해를 막을 수 있다.

무엇을 할까, 로 고민하는 50대들이여, 귀가 얇다면 귀를 두껍게 하고, 누군가 미소지며 다가와 친절을 베풀면 여지없이 의심하고 그를 경계하라. 그러면 억울한 일로부터 당신을 보호할 수 있다.

달콤한 입술을
조심하고 또 조심하라

퇴직을 한 50대가 무엇을 해보려고 하면 어떻게 냄새를 맡았는지 똥파리들이 날아와 주변을 빙빙돌며 성가시게 굴듯 50대의 주변을 빙빙돌며 기회를 엿본다. 그리고 먹힐만하다 싶으면 본격적으로 작업에 들어간다. 그들의 입술은 찰진 옥수수처럼 끈적거리고 달콤하다. 눈으로는 부드럽게 웃으며 입에 혀 같이 군다. 완전히 믿게끔 만든다. 그리고 기회가 오면 물고기를 낚아채는 물총새처럼 낚아채 쏜살 같이 숨어버린다. 지나친 친절을 경계하라. 더구나 낯선 사람의 친절은 경계하고 또 경계하라.

　상호는 52세로 명예퇴직을 하였다. 그의 수중에는 퇴직금과 그동안 저축한 예금 등이 있었다. 그는 한동안 집에서 쉬면서 앞으로 할 일에 대해 이것저것을 알아보았다. 할 일은 많았지만 자신이 무엇을 해야 잘할 수 있을지를 가늠하기가 쉽지 않았다.
　그러던 어느 날 친구로부터 전화가 왔다. 그가 퇴직을 한 것을 알고 전화를 한 것이다. 상호는 믿을 수 있는 친구라 자신이 무엇을 할지에 대한 고민을 털어놓았다. 그의 얘기를 듣고 친구는 만나자고 했다. 상호는 친구를 만나러 원주로 갔다. 친구는 상호를 보자 반색을 하며 자신이 계획하고 있는 게 있는데 자신과 같이 동업을 하는 게 어떠냐며 말했다. 그러면서 하는 말이 갖고 있는 돈을 다 투자하면 위험할 수 있으니 반만 투자하면 된다는 등 그를 안심시켰다. 상호는 혹여, 일이 잘못되더라도 얼마간의 돈은 있어야 하니까, 다는 투자하지 말라는 친구의 말에 그만 넘어가고 말았다. 자신을 생각하는 친구를 참 고맙다고 여긴 것이다. 상호는 가족을 데리고 원주로 내려왔다. 그는 날마다 친구와 만나 일을 보러 다녔다. 친구가 만나는 사람들도 다 믿음직스러워보였다. 그런데 그것이 함정이 될 줄이야. 그렇게 3개월을 지내던 어느 날 친구가 감쪽같이 사라진 것이다. 그가 만났던 사람들은 모두 친구가 동원한 들러리들이었다. 그가 친구와 하려고 한 사업은 창고업이었는데, 그가 본 창고 건물도 남의 건물이었다는 걸 그제야 알았다. 그는 절망하였다. 믿었던 친구에게 사기를 당했다는 것이 분하고 억울해서 잠도 잘 수 없었다. 수소문을 하며 친구를 찾으러 다녔지만 친구는 이미 종적을 감춘 뒤였다. 상호는 믿었던 친구에게 3억이나 되는 돈을 날리고 아무 연고도 없는 원주를 떠나 서울로 갔다.

"선생님, 제가 어떻게 하면 좋을까요?"

믿었던 친구에게 배신을 당하고 울먹이며 절망하던 그의 모습이 지금도 생생하다. 그는 지금 어떻게 지내고 있는지 모르지만, 그가 믿었던 친구에게 인생의 쓴맛을 본 것 모두를 극복하고 잘 살아가기를 바랄 뿐이다.

사람 너무 믿지 마라. 특히, 돈에 대해서는 더욱 믿어서는 안 된다. 돈이 사람을 망치는 요물로 작용하는 일이 다반사이기 때문이다.

무리한 투자는
망하는 지름길이다

대기업 부장으로 퇴직한 윤수는 아내와 식당을 하기로 했다. 그것도 고기집을 하기로 했다. 윤수부부는 도움이 될만한 곳을 찾아다니며 조언을 구했다. 중요한 사항은 메모도 하고, 자료도 수집하는 등 짜임새 있고 체계적으로 준비해나갔다. 소문난 식당에 찾아가 음식을 먹어보고, 장단점을 꼼꼼히 메모하였다. 그리고 자신이 섰다고 생각이 들자 망설이지 않고 식당을 계약하였다. 그런데 한 가지 염려되는 게 있었다. 그것은 처음 시작하는 데 너무 큰 건물을 계약한 것이다. 윤수는 처음엔 규모가 작은 것으로 시작해서 경험을 쌓은 후 크게 늘려가자고 했으나, 그의 아내는 이왕 하는 거 크게 하자며 자신의 말대로 하자고 했다. 옥신각신하다 일도 시작하기 전에 언짢은 일이 생길 것 같아 윤수는 아내의 말에 양보하였던 것이다. 하지만 찜찜한 기분은 가시지 않았다.

　주방장과 직원을 채용하고 인테리어를 새롭게 손 본 다음 드디어 오픈을 하였다. 시작하고 5개월 동안엔 장사가 제법 잘 됐다. 이렇게 3년만 하면 투자한 것 2~3세 배 정도는 수익을 낼 것 같아 기분에 들떴다. 그런데 6개월을 넘어서면서 손님이 줄기 시작했다. 자연히 매출이 떨어졌다. 그 원인을 알아 본즉 윤수네 식당으로부터 한 300여 미터 떨어진 곳에 대형 식당이 한 달 전에 오픈을 한 것이다. 사전에 그걸 몰랐던 것이다. 식당을 하던 건물을 임대했는데 전 주인이 그 사실에 대해 숨긴 것을 그때서야 알게 된 것이다. 그 식당은 박리다매薄利多賣를 하였다. 고급이지만 가격이 비싼 윤수네에 비해 1인 분에 2배 이상이나 가격 차이가 났다. 그러니 사람들이 그리로 몰려가는 건 당연했다. 게다가 그곳은 사람들의 이동이 많은 곳이기도 했다. 그렇게 1년이 지나자 다달이 적자의 폭이 늘어났다. 그렇다고 문을 닫을 수도 없어 직원을 줄이고, 식사 메뉴를 늘렸다. 그리고 쿠폰 제도를 두는 등 다각적으로 노력하였지만 조금의 변화만 있을 뿐 크게 달라지지 않았다. 식당을 팔려고 했지만 임대료가 워낙 비싼데다 식당을 하려고 하는 사람들은 어디에도 없었다. 주변에 몇 배나 큰 대형 식당이 있다는 걸 알기 때문이었다. 한 푼의 임대료도 건지지 못하고 냉장고, 대형 TV, 에어컨 등을 비롯한 식당 물품 등은 헐값으로 넘겨

버렸다. 그렇게 투자 했던 돈 모두를 까먹고 결국 문을 닫고 말았다.
  그야말로 빈털터리가 되고 말았다. 윤수의 아내는 남편 말을 듣지 않고 자기 고집대로 한 것에 대해 크게 실망하며 미안해하였다. 그러나 이미 엎질러진 물이었다. 고심 끝에 윤수는 아파트를 전세주고 전세금과 비상금으로 남겨 둔 얼마간의 돈으로 작은 고기집을 새로이 오픈하였다. 그동안 노하우를 살려 윤수가 직접 주방장이 되었고, 그의 아내와 직원 한 사람을 두어 서빙을 하였다. 이미 실패의 쓴잔을 맛본지라 윤수부부는 신중에 신중을 기했다. 불필요한 모험은 하지 않기로 했다. 그렇게 2년이 지나고 지금은 장소를 넓혀 안정되게 식당을 운영하고 있다. 한 번의 큰 실패가 그들 부부에겐 삶의 값진 교훈이 되었다.

  다행히 윤수부부는 투자하고 남겨 둔 비상금과 아파트 전세금으로 새롭게 시작하여 날려버린 투자금을 회수하기 위해 노력하고 있지만, 가진 것 전부를 투자한 사람들은 하루아침에 거리에 나앉고 만다. 만일 50대인 당신이 식당을 하거나 프랜차이즈 등 사업을 시작하려고 한다면 가지고 있는 돈 전부를 무리하게 투자하지 말기 바란다. 그리고 처음엔 작게 시작하라. 노하우가 생겨 망하지 않을 자신감이 들 땐 조금 더 크게 늘려가라. 이처럼 단계별로 키워나가면 절대 망하는 일은 없을 것이다.

생산적인 투자
비생산적인 투자

투자를 할 때도 생산적인 투자를 하라. 무조건 다른 사람들이 잘된다고 해서 그 일에 목숨을 걸 필요는 없다. 남은 잘되더라도 그 일이 나에게는 맞지 않을 수도 있음을 유념하라. 실패의 대부분은 남이 잘된다고 해서 나도 잘될 것이라는 생각에서다. 이는 매우 어리석고 위험한 생각이다. 그것보다는 자신에게 무엇이 잘 맞을까를 다각적으로 충분히 연구한 끝에 자신 있게 할 수 있는 일에 투자를 해야 한다. 사람마다 얼굴이 다르듯이 그 사람만이 잘 할 수 있는 재능과 특기가 있다. 자신에게 숨어 있는 재능과 특기에 맞는 일에 투자를 한다면 절대로 망하는 일은 없다. 그 일을 통해 성공할 수 있는 기회만 있을 뿐이다. 그렇다면 생산적인 투자와 비생산적인 투자에 대해 알아보자.

생산적인 투자방법 7가지

01. 자신의 재능에 잘 맞는 것에 투자하라. 재능에 잘 맞는 일은 충분히 연구하고 노력하면 성공할 확률이 높다.
02. 처음 시작하는 일은 아무리 그 일이 발전전망이 좋다고 해도 가진 것을 다 투자하지 마라. 처음엔 규모를 작게, 노하우를 쌓은 후 조금 더 크게 늘려가는 것이 좋다.
03. 투자를 할 땐 가진 돈의 70%만 하라. 그리고 나머지는 비상금으로 잘 간직하라. 실패를 하더라도 재기하는 데 큰 힘이 되어 줄 것이다.

04. 자신이 하고자 하는 일에 대해 충분히 검토하고 연구한 끝에 시작하라. 충분히 알고 시작하는 거와 그렇지 않은 건 엄청난 결과를 초래한다.
05. 자신에게 조언을 해 줄 수 있는 전문가나 전문기관과 유대관계를 맺어둔다면 사업을 하는데 큰 도움이 된다.
06. 자신이 직접 발로 뛰어다니며 매사에 임하라. 자신은 뒷짐 지고 사람이나 부린다면 목불식정目不識丁이 될지도 모른다. 그런 상황에선 망하기 십상이다.
07. 늘 배우고 공부하라. 실력이 탄탄하면 실수를 줄이고 실패를 막는 데 큰 도움이 된다. 안다는 것은 무기와 같다. 많이 아는 사람이 결국엔 승리를 하는 법이다.

비생산적인 투자방법 7가지

01. 사람 말만 믿고 자세히 알아보지도 않고 투자하는 것은 망하는 지름길이다.
02. 이성적인 것보다 감정적으로 사업을 하는 것은 언제나 실패할 확률이 높다. 감정이 이성을 눌러버리기 때문이다.
03. 사업 전망만을 믿고 가진 돈 전부를 투자하는 것이다. 성패가 50:50이라면 그것은 자살 행위이다.
04. 남의 말만 믿고 일을 시작하는 것은 뿌리 없는 나무와 같아 언제나 실패의 위험이 따라붙는다. 이는 매우 비생산적인 투자방법이다.
05. 노하우가 있는 사람이 충고를 해도 자기 멋대로 하는 것 역시

자살행위다. 자신을 믿는 것도 좋지만, 남의 말을 무시하는 것은 비창조적이고 비생산적이다.
06. 무엇이든 사람들을 시키려고만 한다. 자신이 알지 못하면 언제든지 잘못될 확률이 높다. 비생산적인 마인드를 경계하라.
07. 배우고 공부하는 것을 등한시 하면, 배우고 공부하는 사람을 죽었다 깨어나도 못 이긴다. 배우고 공부하지 않는 것은 비능률적이고 비생산적이기 때문이다.

생산적인 투자방법과 비생산적인 투자방법에 대해 살펴보았다. 자신이 성공하고 싶다면 생산적인 투자방법을 연구하고 몰두하라. 그렇게 하면 실패를 줄이고 자신이 원하는 것을 얻을 수 있게 될 것이다.

TIP_생각의 나무 03

무리한 투자는 망하는 지름길이다. 이는 비생산적인 투자방법이기 때문이다. 망하지 않고 자신의 일을 성공시키기 위해서는 생산적인 투자방법을 활용하라. 사람들이 흔히 하는 실수는 알면서도 그것을 실천하지 않는다는 것이다. 통계보다는 감을 믿으려고 하고, 자신이 직접 발로 뛰기보다는 남을 시키거나 자료에만 의지하려고 한다. 귀가 얇아 남의 말에 빠지기 잘한다. 자신이 하는 일의 실패를 줄이고 성공하기 위해서는 이를 경계하고 생산적인 투자방법을 활용하라. 그리고 한 가지 유념할 것은 식당이나 프랜차이즈를 너무 쉽게 보지 말아야 한다. 경험도 없이 너도나도 퇴직금만 믿고 투자를 하다 보니 열에 여덟은 망하고 만다. 시간이 걸리더라도 남을 고용하지 않고 자신이 직접 할 수 있는 일을 찾아보라. 전문가의 도움을 받고, 전문기관의 도움을 받아라. 지피지기는 백전백승이다. 자신이 잘 아는 일에, 자신이 잘 할 수 있는 일에 목숨을 걸어라. 목숨 걸고 하면 성공할 확률이 높다.

04 생각은 녹슬지 않게, 몸은 삐걱거리지 않게

　50대는 노년기에 접어드는 첫 관문과도 같은 시기이다. 2~30년 전만해도 50대만 되어도 중노인 취급을 받았지만, 지금은 70은 되어야 노인이라고 한다. 이는 어디까지나 설문조사에 의한 수치이니 요즘 사람들의 생각을 알 수 있다. 그러고 보면 50대는 한창 일하고, 한창 자아실현을 위하는 나이라고 할 수 있다.
　그런데 생각이 낡거나 녹슬면 생각이 고루하고 비창의적일수밖에 없다. 또 생각이 녹슬면 생각이 낡아져 새로운 일을 시작하려고 해도 자신감이 없다. 평균 수명을 80세라고 하면 앞으로 30년 가까이 살아가야 한다. 그 세월을 시간이나 때우며 그냥 사는 대로 살아갈 것인가, 아니면 목표를 세우고 열정적으로 살아가느냐 하는 문제에 대해 진지하게 고민해야 한다. 좀 더 직설적으로 말해 밥값을 하며 사느냐, 아니면 밥값을 못하며 사느냐, 하는 것에 대해 진지하게 생각하라는 말이다.
　인생이 여러 번 주어진다면 이번 생애에 잘못살았더라도 다음 생애는 잘 살 수 있으면 된다. 그런데 하나님은 인간에게 단 한 번뿐인 삶을 주었다. 그런데 어떻게 대충 살 수 있으며, 막 살 수 있단 말인가. 필자 역시 이 문제에 대해 자유롭지 못하다. 필자 역시 부끄러운 일, 못난 일을 많이 했다. 그런 이유로 젊은이들과 십대들과 어린이들을 위해 더 열정을 가지고 글을 쓰고, 강연을 하고 있다.

글을 쓰고 강연을 하기위해서는 많은 책을 읽어야 하고, 공부해야 한다. 책을 읽지 않고 공부하지 않으면 생각이 녹슬어 제대로 할 수 없기 때문이다. 세상은 어제와 오늘이 다르고, 내일이 다르다. 세상의 변화에 뒤처지지 않기 위해서는 생각이 녹슬지 않도록 많은 책을 읽고, 공부하라.

50대에 접어들면 본격적으로 노년으로 향하는데, 이때 제대로 몸을 돌보지 않으면 건강이 약해져 몸이 삐걱거린다. 이는 몸을 튼튼히 하라는 신호이다. 신호를 지켜 몸을 건강히 하면, 하고 싶은 것을 마음껏 할 수 있다. 하지만 몸을 건강히 하지 않으면 하고 싶은 것은 고사하고 가족과 주변사람들의 마음을 불편하게 할 수 있다.

당신이 50대를 잘 살아가고 싶다면 생각이 녹슬지 않게 하라. 또한 건강에 문제가 없도록 해야 할 것이다.

**창의적으로 생각하고
역동적으로 행동하라**

긍정적인 마인드를 가진 사람은 매사를 창의적으로 생각한다. 긍정의 에너지가 창의적으로 생각하게 하기 때문이다. 그래서 창의적으로 생각하는 사람은 항상 배우는 데 열심이다. 잘 배우기 위해서는 첫째, 다양한 분야의 책을 많이 읽어야 한다. 그래야 지식이 풍부해져 창의적인 생각을 하는데 큰 도움이 된다. 두 번째는 많이 들어야 많이 생각하게 된다. 요즘 평생교육차원에서 많은 강좌를 열고 있다. 자신이 부지런히 발품을 팔면 무료로 또는 아주 저렴한 돈으로도 질좋은 강좌를 들을 수 있다. 많이 읽고, 많이 들으면, 자연적으로 많이 생각하게 된다. 생각이 녹슬지 않고 쌩쌩하면 활기차게 행동하게 된다. 그래서 생각이 쌩쌩 잘 돌아가는 사람들이 일을 즐기며 더 행복하게 살아가는 것이다.

종국은 50대 치고는 독서량이 상당하다. 그는 일주일에 보통 2권의 책을 읽는다. 독서분야도 문학, 경제, 예술, 철학 등 다양하다. 그의 서재는 7천 권이 넘는 책으로 가득하다. 마치 학교의 작은 도서관을 연상시킨다. 그가 책을 즐겨 읽는 데는 워낙 어렸을 때부터 책을 좋아하는 데도 있지만 도서관에서 일주일에 2회 인문학 강의를 하기 때문이다. 그가 강의할 때는 그의 얼굴에 빛이 날 정도로 열정적이다. 수강생들은 열정적인 그의 강의를 참 좋아한다. 그의 인문학 강의는 도서관 24개 강좌 중에서 단연 최고의 인기 강좌이다. 그가 2년 넘게 강의를 맡고 있는 것만 보아도 그의 강의가 얼마나 인기가 좋은지를 알 수 있다.

그는 일 년에 두 번씩 인문학 수강생들과 여행을 하며 인문학 강좌를 열고, 잘 아는 작가와 교수를 초청해 인문학 강의를 여는 등 활기차게 50대를 보내고 있다. 그의 생각은 언제나 반짝반짝 빛난다. 그 어떤 질문에도 막힘없이 답변을 한다. 그가 이처럼 발군의 실력을 보일 수 있는 건 다양한 분야의 독서를 즐기고, 배우는 것을 즐겨 하기 때문이다.

"인간의 정신은 교육과 훈련에 빠르게 반응한다. 그 정신으로 하여금 당신이 원하는 어떤 것이든 당신에게 돌려주도록 만들라."

이는 자기계발동가부여가인 노만 V. 필 박사의 말이다. 그의 말에서 보듯 인간은 교육, 즉 배움에 빠르게 적응하며 반응을 나타낸다. 그래서 책을 많이 읽고 공부를 즐기는 사람이 자신의 인생을 가치 있게 살아가는 것이다. 창의적으로 생각하고 역동적으로 행동하는 50대가 되라.

몸이 삐걱거리지 않게
운동으로 단련시켜라

아무리 재산을 많이 가지고 있어도, 아무리 좋은 자리에 있어도, 아무리 명예가 드높다고 해도 몸이 삐걱거리면 소용이 없다. 몸이 골골한데 재산이 무슨 소용이며, 좋은 자리, 드높은 명예가 무슨 소용이라는 말인가. 몸은 인생을 전부 바꿀 만큼 재산 중에 최고의 재산이다.

배 나온 50대와 배 안 나온 50대를 보자. 누가 더 멋지고 젊어 보일까. 그것은 배 안 나온 50대이다. 배가 나오면 일단 나이가 들어 보인다. 살집이 나이 들어 보이게 한다. 배 안 나오게 하려면 꾸준히 걷고 땀을 흘리는 유산소 운동이 필수이다. 몸속에 쌓인 지방이 분해되어 건강해 짐은 물론 몸도 날씬해진다. 몸이 건강하면 긍정적인 에너지가 넘친다. 그래서 몸이 건강하면 더 즐겁고 더 행복하게 살아간다.

 운석은 한동안 건강을 잃고 심하게 고생을 한 적이 있다. 혈당 수치도 높고, 혈압이 높아 조금만 움직여도 숨이 턱까지 차올랐다. 기력이 떨어지고 쉬 피곤을 느껴 보통 사람들처럼 생활하는데 문제가 많았다. 결국 그는 직장을 퇴사할 수밖에 없었다. 그는 몸에 좋은 약을 달고 지냈고, 몸에 좋다는 음식으로 보양을 했지만 별로 효과를 보지 못했다. 그러자 지인의 권유로 운동을 시작하였다. 걷기 운동, 줄넘기 운동, 유산소 운동 등 헬스 코치의 가르침대로 열심히 하였다. 운동을 시작하고 처음 두 달 동안은 너무 힘들어 다 그만두고 싶었다. 하지만 아내의 간청에 못이겨 이를 악물고 버텨냈다. 운동을 시작한지 세 달이 지나면서 무거웠던 몸이 가벼워지는 걸 느낄 수 있었다. 몸이 가벼워지자 힘들어 포기하고 싶던 운동에 탄력을 받기 시작했다. 이를 악 물고 버티던 그가 이제는 즐거운 마음으로 운동을 할 수 있게 된 것이다. 그러자 운동의 효과는 더 커지고 더 빨리 변화가 일었다. 운동을 시작한지 일 년 만에 85Kg이던 몸은 70Kg이 되었고, 날아갈 듯이 몸이 가벼워졌다. 혈당수치도 낮아지고, 혈압도 정상으로 되돌아왔다.
 운석은 지금 건강한 몸으로 새로 시작한 사업에 몰두하며 바쁘게 살고 있다. 건강은 그의 생활을 완전히 바꿔놓았다. 그는 하루에 한 시간이나 운동을 한다. 운동이 가져다 준 즐거움과 행복은 그를 운동 마니아가 되게 했다.
 50대는 자칫 건강을 잃기 쉽다. 근육이 풀리고, 순발력은 떨어지고, 몸의 기능의 저하로 행동반경이 좁아지고, 기동력이 떨어지기 때문이다. 50대들이여, 건강한 몸으로 일을 즐기며 살고 싶다면 몸이 삐걱거리지 않게 운동으로 단련시켜라.

**생각은 반짝반짝 빛나게,
몸은 탄탄하고 탄력있게**

　요즘 치매환자가 급증을 하고 있다. 과거에 비해 잘 먹어 영양상태도 좋은 데 왜 치매환자는 늘어만 가는 걸까. 여러 가지 원인이 있겠지만, 디지털문화에 중독된 영향이 크다. 마트나 슈퍼에 가도 집에서도 계산기가 대신 계산을 해준다. 자동차를 운전해도 내비게이션이 길을 찾게 해주고, 스마트 폰만 있으면 은행일이며 메일이며 만사가 해결된다. 머리를 쓰는 일이 가면 갈수록 줄어들고 있다. 그런데다 책은 죽어라고 안 읽는다. 우리나라 성인 독서량은 연 11권 정도라고 한다. 그런데 놀랍게도 일 년에 책 한 권 안 읽는 사람들이 30%가 넘는다고 한다. 여기서 좀 더 살펴보면 50대 이후의 독서량은 턱없이 모자란다. 열 명 중 일곱여덟 명은 일 년에 책 한권도 안 읽는 걸로 안다. 책 안 읽는 이유도 시간이 없어서, 눈이 침침해서 등 가지가지다. 눈이 침침하면 돋보기가 해결해주고, 시간이 없다는 것은 새빨간 거짓말이다. 술만 잘 마시고, 낚시를 하러가거나 등산만 잘 한다. 변명치고는 너무 졸렬하다.

　나이가 들수록 책을 읽어야 한다. 그래야 생각하게 되고, 머리가 녹슬지 않는다. 머리가 녹슬면 자칫 치매에 걸릴 확률이 높아진다. 언젠가 공원을 지나다 백발이 성성한 노인이 돋보기를 걸치고 책 읽는 모습을 본 적이 있다. 그 모습이 빈센트 만 고흐나 샤갈의 그림보다도 더 멋지고 값져 보였다.

"한 차례의 식사로 충분한 영향을 섭취 할 수 없듯이 두뇌 역시 지속적이고 정기적인 충전이 필요하다."

피터 데이비스가 한 말이다. 데이비스의 말처럼 매일 먹는 음식이 충분한 영향이 되듯, 꾸준히 하는 독서가 머리를 녹슬지 않게 하고 생각이 반짝반짝 빛나게 한다.

건강 역시 마찬가지다. 운동을 안 하는 것은 자기 몸에 매우 무책임한 일이다. 그것은 몸이 고장나게 방치하는 것과 같다. 그러나 건강을 위해 꾸준히 운동을 한다면 건강한 몸을 갖게 되어 건강하고 활력 넘치는 생활로 긍정적인 삶을 살아가게 된다. 생각은 반짝반짝 빛나게, 몸은 탄탄하고 탄력있게 하기 위해서는 다음과 같이 해보라.

생각은 반짝반짝 빛나게 몸은 탄탄하고 탄력있게 하는 7가지

01. 매주 한 권의 책을 반드시 읽어라. 널려 있는 게 책이다. 책은 상상력을 길러주고, 생각하는 힘을 길러준다.
02. 다양한 분야의 책을 읽는 것이 어느 한 분야의 지속적인 책 읽기에 비해 생각의 폭을 넓혀준다.
03. 도서관 등의 독서회원이 되어 뜻이 맞는 사람들끼리 어울리다 보면 꾸준히 책을 읽는데 큰 도움이 된다.
04. 책을 읽고 나서 느낀 점을 써보라. 읽은 내용을 오래 기억하게 되고, 머리를 녹슬지 않게 하여 상상력을 길러준다.
05. 일주일 3~4번은 하루에 30분씩 꾸준히 운동을 하라. 혼자 하

기 힘들면 가족이나 친구와 같이 하면 매우 효과적이다.
06. 무리한 운동은 몸에 무리를 준다. 50대의 나이에 잘 맞는 그리고 자신에게 잘 맞는 경제적인 운동을 하라.
07. 걷기, 줄넘기 등 유산소운동은 몸의 노폐물을 없애 주고, 지방을 분해하는데 최적의 운동이다. 유산소 운동을 즐기면 탄탄한 몸을 갖게 되어 매사에 의욕이 넘친다.

50대를 어떻게 보내느냐에 따라 노년이 행복할 수 있고, 불행할 수 있다. 행복은 저절로 오지 않는다. 행복한 노후를 즐기고 싶다면 생각이 녹슬지 않게 독서를 즐겨라. 몸이 삐걱거리며 골골하지 않게 꾸준한 운동으로 건강을 단련하라.

TIP_생각의 나무 04

창의적인 생각으로 가득 찬 50대, 건강한 50대, 이러한 50대를 보면 남자는 멋지고 지적으로 보이고, 여자는 우아하고 아름다워 보인다. 그러나 이와 반대로 생각이 꽉 막힌 50대, 부실한 50대, 이런 50대를 보면 남자는 무식해 보이고, 여자는 천박해 보인다.

창의적인 생각을 기르려면, 독서는 반드시 필수이다. 다양한 독서는 폭넓은 상식을 길러준다. 아는 것이 많다는 것은 살아가는 데 큰 힘이 되고 삶의 무기가 된다. 매일 꾸준히 책을 읽는 습관을 들이면 언제 어디서나 책을 읽게 된다.

건강한 몸, 탄력있는 몸매는 보기에도 아주 매력적이다. 사람의 몸은 많이 쓰면 쓸수록 세포가 새로워지고, 뼈도 탄탄해지며, 피부도 윤기가 난다. 그런데다 충분히 영항을 공급해준다면 금상첨화다.

멋진 50대, 매력적인 50대로 살고 싶다면 생각은 반짝반짝 빛나게, 몸은 탄탄하고 탄력 있게 가꿔라. 노력하지 않고 얻어지는 것은 아무것도 없다.

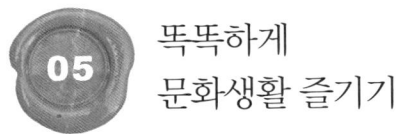

05 똑똑하게 문화생활 즐기기

　요즘 자기만의 개성을 중시하고 자기계발적인 4~50대들이 늘고 있다고 한다. 자식을 키울 때는 자식에게 올인했던 여성들이 정성을 쏟던 대상자들이 없자 그 열정을 자신에게 들이는 것이다. 남자들은 여성들에 비해 그 정도가 약하지만, 남성들의 생각도 닮아가고 있다.

　과거엔 음식을 먹어도 싸고 양 많은 것을 먹었지만, 요즘은 양은 적지만 비싸고 고칼로리에 충분한 영양을 고려한다고 한다. 머리 또한 마찬가지다. 값싼 동네 미용실을 이용하던 여성들이 비싸지만 유행을 쫓아 시내 중앙 한복판에 있는 이름난 미용실에 다닌다. 옷도 싸고 질긴 것에서 비싸고 멋스럽고 유행을 쫓아 입는다.

　그리고 문화생활에도 적극적이어서 영화와 연극은 기본이고 값비싼 뮤지컬에도 돈을 아끼지 않는다. 뿐만 아니라 백화점의 인기있는 강좌에는 자리가 없고, 무엇이 좋다 하고 소문이 나면 즉시 그곳으로 달려가는 여성들이 있다고 한다.

　자아를 실현하고 자기 발전을 위해서라면 적극적으로 투자하는 이들은 경제적으로 무난한 사람들이 많다. 하지만 형편이 조금 달려도 문화생활을 즐기고자 하는 마음만 있으면 얼마든지 즐길 수 있다. 두 번 갈 거 한 번 가면 되고, 네 번 갈 거 두 번 가면 된다. 음식 역시 횟수를 줄이면 된다. 넘치도록 하지는 못해도 한 달에 단 한 번이라도, 또는 두 달에 한 번이라도 문화생활을 즐겨라. 마음이 달라지고, 생각이 달라지고, 삶의 습관이 달라져 삶에 활력이 넘치고 자신의 존재 가치를 실감하게 된다. 그렇게 되면 더욱 생산적인 삶, 창조적인 삶을 살려는 의욕으로 넘쳐나 매사를 긍정적으로 살아간다. 이는 돈으로는 계산할 수 없는 고귀한 삶의 부가가치이다.

50대들여, 자신을 억누르지 마라. 한 번뿐인 인생을 주저하지 마라. 조금만 시간을 더 투자하고, 조금만 자신을 위해 더 투자한다면 활력 넘치는 삶의 에너지를 끌어당겨 긍정적이고 생산적인 삶을 통해 앞으로의 삶이 더욱 행복하게 거듭나게 될 것이다.

자신을 대접하는 50대
자신을 억압하는 50대

자신을 대접하는 50대가 되느냐, 자신을 억압하는 50대가 되느냐, 그것이 문제로다. 이 물음에 대해 당연히 자신을 대접하는 50대가 되어야 한다. 자신을 대접하면 인생이 즐거워진다. 자신감도 넘쳐 무슨 일이든 적극적이다. 또한 자신을 가꾸고, 자신을 위해 투자하고, 삶을 능동적으로 살아간다.

그러나 자신을 억압하면 인생이 매일 똑같다. 변화가 없다. 고인 물이 썩듯 삶에서 썩은 냄새가 난다. 자신감도 없어지고, 막상 자신이 바라는 일이 주어져도 자신감이 없다. 그러다 보니 매사에 소극적이다. 자신을 가꾸는 일에도 관심이 없고, 자신을 위해서 투자하는 일은 더더욱 없다. 그러다 보니 삶이 비소모적이다. 언제나 그 밥에 그 나물이다.

사람이 사람인 까닭은 오늘과 내일이 달라야 한다. 발전이 없이 매일 똑같다면 삶의 흥이 나지 않는다. 그러기 때문에 사람은 날마다 새로운 생각, 새로운 변화를 꿈꾸고 행동해야 한다. 그래야 삶이 즐거워지고 발전하는 것이다.

자신을 대접하는 50대

미연은 자신에 대한 애착이 많다. 그녀가 처음부터 그랬던 건 아니다. 그녀 역시 대한민국의 주부 9단으로 알뜰하면 누구에게도 빠지지 않았다. 그러던 그녀가 마음에 변화가 일어났다. 건강하면 자신있던 그녀가 50대에 갓들어 건강검진에서 자궁암 선고를 받은 것이다. 그녀는 눈앞이 캄캄했다. 자식새끼 키우느라 한평생을 바쳤는데, 이제 좀 편히 지내려고 하는데 이 무슨 마른하늘에 날벼락이란 말인가, 하는 마음에 눈물이 터져 나왔다. 큰소리로 실컷 울고 나서 생각했다.

'그래, 수술부터 하자. 그리고 사는 날까지 후회 없이 나를 위해 사는 거야.'

이렇게 생각한 미연은 수술을 받았다. 다행히 수술결과가 좋았다. 그녀는 몸이 가뿐해지자 자신의 생각을 남편과 아이들에게 말했다. 남편도 두 아이도 그녀의 말에 적극 찬성하였다. 죽었다 다시 살아난 아내이자, 엄마로 생각한 것이다.

미연은 자신의 용돈을 책정했다. 그 용돈 범위 내에서 알차게 쓰기로 했다. 그녀의 한 달 계획표를 살펴보면 첫째, 한 달에 한 번 연극이나 영화보기. 둘째, 한 달에 한 번은 기차여행하기. 셋째, 한 달에 두 번 미용실가기. 넷째, 매주 한 번 백화점 문화센터 강좌듣기. 다섯 번째, 한 달에 한 번 분위기 있는 식당에서 밥먹기. 여섯 번째 한 달에 한 번은 갤러리 전시회 등 각종 전시회에 가기. 일곱 번째 매일 30분씩 운동하기 등 철저하도록 자신에게 맞춰 실행하였다.

그녀의 얼굴엔 화색이 돌고, 10년은 젊어 보인다. 성격도 낙관적으로 변하고 적극적으로 변했다. 그녀의 남편과 두 아이는 너무도 달라진 그녀의 모습에 대단히 만족해한다. 그녀가 즐거워지자 집안이 활기로 넘쳐났다. 자신을 대접하니 자신도 변하고, 가족도 변하고, 삶이 변한 것이다.

자신을 억압하는 50대

영진은 매사에 돌다리도 두드리는 격이다. 도무지 마음에 여유라고는 없다. 통장엔 넉넉하게 돈이 들어있고, 그만하면 쓰고 살아도 되는데 그녀에겐 어림없는 얘기다. 그녀가 이렇게 된 데에는 이유가 있다.

남편의 사업 부진으로 한 때 큰 어려움을 겪었다. 그때 죽을 만큼 힘들었다. 그러나 다행히도 만회가 되어 은행에 돈이 말라도 그녀의 금고엔 돈이 마르지 않을 거라고 가족들이 말할 만큼 잘 산다.

그러나 그녀는 작은 것 하나에도 맹목적으로 돈을 쓰는 일이 없다. 먹는 것엔 돈을 아끼지 않지만 입는 것, 문화생활 즐기는 것, 가족끼리 놀러가는 것, 사고 싶은 신제품을 구매하는 것, 구두나 옷, 액세서리, 고급 가방 등을 사는 것엔 그렇게 짤 수가 없다.

  가족들은 돈이 없으면 몰라도 마음만 먹으면 무엇이든 다 할 수 있는데도 너무 절제하며 산다고 그녀에게 불만이 이만저만이 아니다. 그러다보니 무엇 하나 살려면 전쟁을 치러야 한다. 그래도 그것은 나은 편이다. 자신에게는 절대 돈쓰는 일이 없다. 어떨 땐 옷 수거함에서 가족들 몰래 옷을 가져오기도 한다. 그러다 보니 행사에 갈 때, 외출할 때 입는 몇 벌의 옷을 빼고는 죄다 낡고 유행이 지난 것들이다. 이에 대한 가족들의 불평이 그녀의 귀를 연신 괴롭히지만 그녀는 요지부동이다. 머리도 집에서 낡은 미용기구로 한다. 한 번 그녀에게 들어간 돈은 좀처럼 세상구경하기 힘들다.

  영진은 지금처럼 하는 것이 마음이 편하다고 한다. 그것은 자신을 억압하는 것과 같은데도 그녀는 마치 그것을 즐기는 것 같다. 그러나 그녀외의 가족은 그로인해 불평과 불만이 늘어만 간다. 이는 문제가 될 소지가 있다. 문제가 발생하기 전에 그녀는 과거의 생각에서 깨어나야 한다. 무조건 아끼고 절제하는 것만이 미덕은 아니다. 그것도 적당히 해야 한다. 가족과 의논해서 서로가 이해할 수 있는 선에서 삶의 패턴을 정해야 한다.

  또 상황이 이렇다 보니 문화생활을 즐기는 것은 언감생심 꿈도 못 꾼다. 그것은 돈만 들이는 비생산적이고 소모적인일로만 여길 뿐이다. 이는 문화가 주는 깊은 맛과 참의미를 잘 모르기 때문이다.

  자신을 억압하는 것, 그것은 모두가 억압받는 일이다. 현명한 결단이 요구되고, 반드시 실행되어야 한다.

똑똑하게 문화생활 즐기기

사람은 문화를 즐기는 가운데 재창조의 에너지를 발산시킨다. 보고, 듣고, 경험하고, 느끼는 가운데, 오감을 자극하는 가운데 상상력이 튀어나오고, 아이디어가 솟아난다. 이는 자신의 몸과 마음을 자극시킴으로써 나태함을 막고, 생산적인 삶으로 이끌어나간다.

우리 주변에는 돈을 싸놓고도 문화를 즐기지 않는 사람들이 있는가 하면, 비록 지갑이 얇아도 문화를 즐기는 사람들이 있다. 돈이 많아도 문화를 모르면 미련해 보이고 탐욕스러워 보인다. 또 경박해 보이고, 무심해 보인다.

그러나 돈은 없어도 문화를 알면 지적으로 보이고, 여유로움이 넘쳐 보인다. 또 멋을 즐길줄 알고, 마음이 따뜻해 보인다.

만약 인류 역사에 문화가 없다면 세계는 진즉에 사라졌을 것이다. 오늘날의 세계가 존재하는 것은 다양한 문화가 서로 떠 받쳐주고 보완함으로써 인류문명을 유지하고 발전시켰기 때문이다.

문화를 소비라고 생각하는 사람들이 있다. 이는 매우 무식한 생각이다. 스스로를 무식하다고 공개하는 거와 같다. 문화는 소비가 아니라 생산이며 연속적인 재창조이다. 문화를 즐기는 50대가 삶을 더 여유롭고 가치있게 산다. 똑똑하게 문화를 즐기면 적은 돈으로도 얼마든지 문화인의 대열에 합류할 수 있다.

똑똑하게 문화생활 즐기기 10가지

01. 고궁이나 인사동, 남산 한옥마을 등 문화유적지에서는 정기

적으로 또는 비정기적으로 공연을 한다. 발품만 팔면 돈을 들이지 않고도 공연을 즐길 수 있다.

02. 각 도시마다 미술전시관과 문화센터가 있다. 이곳에서는 정기적으로 전시회가 열린다. 이곳을 방문하면 뜻밖에도 수준 높은 그림이나 음악을 즐길 수 있다.

03. 삶에 지친 사람들을 위한 값싸고 수준 높은 패키지 문화상품이 있다. 이를 가끔씩 형편이 주어지는 대로 이용해도 좋을 것이다.

04. 기차여행을 즐기는 것도 좋은 방법이다. 철도공사에서는 다양한 기차여행 상품을 판매하고 있다. 가끔 이를 이용하는 것도 매우 효과적이다.

05. 각 문화단체에서는 작가와 함께 하는 문학기행을 한다. 이를 이용하는 것도 새로운 경험을 쌓는데 매우 효과적이다.

06. 서울을 비롯한 각 지방마다 연극 단체가 있어, 정기적으로 공연을 한다. 저비용으로 연극을 즐길 수 있어 한 달에 한 번 정도는 꾸준히 즐길 수 있다. 그리고 번갈아 영화를 즐기는 것도 좋다.

07. 각 지자체마다 도서관, 여성문화센터, 평생교육정보관 등에서 다양한 강좌가 열린다. 시간만 투자하면 거의 무료로 강의를 들을 수 있다. 지적 탐구와 자기계발에 힘쓰라.

08. 지적으로 늙어 가는 당신이 아름답고 멋지다. 도서관에 가면 다양한 분야의 책이 산더미처럼 쌓여있다. 시간만 내면 언제든지 독서를 즐길 수 있다.

09. 문학동아리, 미술동아리, 연극동아리, 사물놀이패 등에 참여해 직접 해보는 것은 더 큰 의미를 준다. 당신이 무대의 중심이 되어보라.
10. 음악에 재능이 있다면 음악모임에 참여해 활동을 하는 것도 매우 의미 있는 일이다. 불우이웃이나 단체를 위해 연주활동을 한다면 큰 보람을 얻게 될 것이다.

똑똑하게 문화생활 즐기기 10가지 외에도 생각하기에 따라 자신에게 잘맞는 문화생활 즐기면 된다. 천박하게 나이드는 50대보다 지적으로 나이드는 50대가 되어야 하지 않을까. 나이가 들수록 멋진 마무리를 해야 한다. 그것이 자신의 인생에 대한 예의 일 것이다.

TIP_생각의 나무 05

문화란 정신을 맑게 하고, 드높이며 삶의 여유와 지적활동을 자극하는 생산적인 산물이다. 그런 까닭에 문화를 즐기는 사람은 마음이 풍요롭고 따뜻하다. 나이가 들어갈수록 몸은 무기력해지고, 마음이 건조해지기 쉽다. 이럴 때 일수록 문화생활을 즐겨야 한다.

그런데 문화생활을 즐기려면 많은 돈이 든다고 생각한다. 물론 어떻게 하느냐에 따라 많은 돈이 들 수도 있다. 하지만 생각하기에 따라 적은 비용으로 얼마든지 문화생활을 즐길 수 있다. 나아가 자신이 문화생활의 주체가 되어 활동할 수도 있다.

50대란 노년기로 접어드는 첫 시기이다. 이 시기에 몸과 정신이 건강해야 한다. 그래야 남은 인생을 보다 활기차고 여유롭게 살아갈 수 있다. 아름다운 노년, 멋진 노년으로 삶을 마무리해야 한다. 그것이 자신의 삶에 대한 예의이자 도리이다.

50대가 꼭 알아야 할 모든 것
: 잘되는 50대, 잘 안 되는 50대

1판 1쇄 발행 2015년 7월 10일
지은이 김직　**펴낸곳** 북씽크　**펴낸이** 강나루
주 소 서울시 성동구 행당동 192-29 성동사르망 1019호　**전 화** 070-7808-5465
등록번호 제206-86-53244　**ISBN** 978-89-97827-46-6　**이메일** bookthink2@naver.com
Copyright ⓒ 2015 김직

＊잘못된 책은 구입처에서 교환해 드립니다